Lotte Bormuth
GOTT SCHREIBT DIE PARTITUR, MAL IN MOLL, MAL IN DUR

Lotte Bormuth

Gott schreibt die Partitur,

mal in Moll,

mal in Dur

Über die Autorin:
Lotte Bormuth ist eine der erfolgreichsten christlichen Autorinnen Deutschlands. In über 90 Buchtiteln hat sie mit Lebensbildern und eigenen Erlebnissen vielen Menschen Trost, Freude und Glaubensmut vermittelt. Sie hat fünf Kinder und 15 Enkel und lebt mit ihrem Mann in Marburg.

Bibliografische Information Der Deutschen Bibliothek
Die Deutsche Bibliothek verzeichnet diese Publikation in der Deutschen Nationalbibliografie;
detaillierte bibliografische Daten sind im Internet
über http://dnb.ddb.de abrufbar.

ISBN 978-3-86827-407-3
Alle Rechte vorbehalten
© 2013 by Verlag der Francke-Buchhandlung GmbH
35037 Marburg an der Lahn
Umschlagbild: © iStockphoto.com / wragg
Umschlaggestaltung: Verlag der Francke-Buchhandlung GmbH /
Christian Heinritz
Satz: Verlag der Francke-Buchhandlung GmbH
Druck und Bindung: CPI Moravia Books, Korneuburg

www.francke-buch.de

Inhaltsverzeichnis

Wohin geht unser Weg? 7
Das entscheidende Gespräch mit Mirko 14
Unser Dienstauftrag in Amerika 25
Fahrt in den Osten Deutschlands 29
Ein besonderer Hochzeitstag 34
Eine treue Freundin hat mich verlassen 37
So wertvoll bin ich 43
Saher – mein palästinensischer Freund 57
Thomas von Aquin 60
Unter dem weiten Bogen 71
Eine wunderbare Begegnung 76
Was geschah vor 13 Jahren? 80
Liebe macht lebendig 87
Liebe macht schön und tut wohl 91
Gottes Liebe meint es unendlich gut 97
Liebe sucht nach einem Ausweg 101
Liebe hat heilende Kraft 104
Es ist Weihnachten, und in Rumänien
   bricht die Hölle los 108
Agape – ein Kinderheim in Rumänien 120
Der Hahnenschrei 129
Der erste Hahnenschrei 132
Der zweite Hahnenschrei 133
Der dritte Hahnenschrei 135
Wie ich zum Schreiben kam 137
Von der Freude 144
Gorch Fock – in Gottes Hand geborgen 148
Anfechtung und Trost 153

Thomas a Kempis 159
Ein sehr wertvoller Brief 163
Cacau und Johannes Kneifel – zwei
 mutige Christuszeugen 169
Enkel, Enkel, welch wunderbares Glück! 177
Trübe Nächte 186
Am Ende zählt das Glück 191
Unser lieber Nachbar Malek 196
Ein ärgerliches Geschehen 198
Jens ist tot 200
Die frostige Nacht am Bahndamm 204
Eine Zeitzeugin erzählt aus ihrer Kindheit 209
Erben sollte eigentlich etwas Schönes sein 216
Stark in der Not und innig in der Liebe 220

Wohin geht unser Weg?

Von dem berühmten Physiker und Mathematiker Albert Einstein wurde einmal folgendes berichtet: Er war mit dem Zug unterwegs. Der Schaffner ging durch die Reihen und kontrollierte die Fahrkarten. Als er zu Einstein kam, griff dieser in seine Westentasche, dann in seinen Mantel, suchte in seinem Koffer und Rucksack, konnte aber seinen Fahrschein nicht finden. Der junge Bahnbeamte beruhigte ihn und sagte: „Herr Dr. Einstein, ich weiß, wer Sie sind. Wir alle wissen das. Ganz bestimmt haben Sie eine Fahrkarte gekauft und wollen die Bahn nicht betrügen. Sie müssen sich nicht weiter bemühen und suchen." Einstein nickte dankbar, und der Schaffner wandte sich den anderen Fahrgästen zu. Nach etwa einer halben Stunde begann der Bahnbeamte wieder seine Runde durch die Zugabteile. Da entdeckte er, wie Einstein auf seinen Knien lag und unter den Bänken herumsuchte. Der Schaffner eilte nochmals zu ihm und beruhigte ihn: „Ich habe Ihnen doch gesagt, dass ich Ihre Fahrkarte nicht mehr sehen muss. Ich weiß doch, wer Sie sind." Einstein schaute den Mann betrübt an und sagte: „Junger Mann, ich weiß auch, wer ich bin. Aber ich weiß nicht mehr, wohin meine Reise geht."

Das ist das Allerwichtigste in unserem Leben: Wir müssen wissen, wohin unsere Fahrt geht. Auch das

Volk Gottes im Alten Testament bewegte diese Frage: Wohin geht unser Weg? Das große babylonische Reich brach zusammen, und die nach Babylon Verbannten Israels durften wieder nach Juda und Jerusalem zurückkehren. Welch ein Jubel und welch eine Freude entstanden unter dem Volk Gottes. Dennoch wusste es nicht, wie seine Zukunft weiter aussehen würde. Der Tempel war zerstört, die Mauern Jerusalems lagen in Trümmern und die Tore waren verbrannt. Viele lebten in Not und Elend. Das mächtige Perserreich unter dem König Cyrus hatte die Vormachtstellung im Vorderen Orient übernommen. Wie lange würde dieses Reich Bestand haben? Käme es vielleicht zu einem neuen Machtwechsel? Wie würde es dann in Israel weitergehen? Auch wir heute in unseren demokratischen Staaten erleben immer wieder starke Veränderungen. Es gibt Neuwahlen, und die Frage taucht auf: Wer wird nun die Regierung bilden? Welche Umstrukturierungen kommen auf wirtschaftlichem und politischem Gebiet auf uns zu?

Aber solche Fragen stellen sich ja nicht nur Völker, Reiche und Regierungen. Auch wir fragen uns persönlich: Wohin geht unser Weg? Im Propheten Jesaja erhalten wir eine Antwort: *„Siehe, das ist mein Knecht – ich erhalte ihn – und mein Auserwählter, an dem meine Seele Wohlgefallen hat. Ich habe ihm meinen Geist gegeben; er wird das Recht unter die Heiden bringen. Er wird nicht schreien noch rufen, und seine Stimme wird man nicht hören auf den Gassen. Das geknickte Rohr wird* *er nicht zerbrechen, und den glimmenden Docht wird er nicht auslöschen. In Treue trägt er das Recht hinaus. Er selbst wird nicht verlöschen und nicht zerbrechen, bis er auf Erden das Recht aufrichtet; und die Inseln warten auf seine Weisung."*

Gott kommt also selbst zu uns Menschen, um uns an die Hand zu nehmen und den Weg zu zeigen, den wir gehen sollen. Er kommt in Gestalt dessen, den er als seinen Knecht bezeichnet. Wir wissen inzwischen, dass dieser Knecht Jesus Christus ist. Er erscheint nicht wie die Mächtigen, die Herrscher und Eroberer dieser Welt, sondern kommt als ein Diener der Menschen, als Hirte seiner Herde. Er räumt nicht auf, sondern er richtet auf. Wenn neue Regierungen ihren Dienst antreten, dann müssen die Vertreter der alten Regierung ihren Platz räumen. Im Altertum war es oft so, dass Könige ihre Vorgänger oder möglichen Rivalen umbringen ließen. Dieser Gottesknecht aber kommt zu denen, die den Weg ihres Lebens nicht kennen, die wie ein geknicktes Rohr Brüche und Baustellen in ihrem Dasein haben. Er nimmt sich derer an, bei denen die Hoffnung auf ein gelingendes Leben erloschen ist. Das alles tut er nicht mit lauter Propaganda, mit großen Schlagzeilen, lautem Jubelgeschrei und Medienrummel. Vielmehr richtet er sein suchendes und zurechtbringendes Wort an die Menschen. Er verkündigt ihnen, dass etwas Entscheidendes geschehen ist, wodurch ihr Leben wieder auf die rechte Bahn kommt. Der Prophet spricht davon, dass er das

Recht zu den Völkern bringt. Das Wort, das hier in der Bibel gebraucht wird, bedeutet so viel wie „richterliche Entscheidung".

Nach den olympischen Spielen in London ging die Nachricht durch die Presse und das Fernsehen, dass der berühmte Behindertensportler Oskar Pistorius, der bei den Paralympics in London mehrere Goldmedaillen gewonnen hatte, unter Anklage stand. Ihm wurde vorgeworfen, seine Freundin mit vier Schüssen getötet zu haben. Die Ermittlungen der Polizei konnten ihm das aber nicht nachweisen, und die Verhandlungen im Gericht gingen hin und her. Der letzte, allerdings vorläufige Rechtsentscheid lautete, dass er bis auf Weiteres gegen eine hohe Kaution auf freien Fuß gesetzt wurde. Ein endgültiger Urteilsspruch wurde zunächst nicht verkündet.

Der Rechtsentscheid, den der Knecht Gottes, Jesus Christus, den Völkern und damit auch jedem von uns zu überbringen hat, ist keine vorläufige Angelegenheit. Wir müssen nicht auf eine neue Entscheidung von Gott warten. Das wirkungsvolle Urteil über uns, die wir ja alle vor Gott schuldig sind, ist schon gesprochen. Es erging am Kreuz auf Golgatha. Dort hat der Knecht Gottes selbst die Strafe getragen: „Die Strafe liegt auf ihm, auf dass wir Frieden hätten, und durch seine Wunden sind wir geheilt" (Jes. 53,5). Diesen einmaligen, wunderbaren Freispruch sagt uns der Knecht Gottes zu. Er, der uns eigentlich beiseite räumen müsste, richtet uns auf und gibt unserem

Leben ein Ziel. Wir dürfen in seiner Gemeinschaft leben und immer wieder erfahren, dass er unser Glaubenslichtlein nicht auslöscht, sondern es neu zu einer Flamme entfacht. Die Brüche in unserem Dasein dürfen wieder heil werden. Wenn wir das im eigenen Leben erfahren haben, können wir auch anderen Mut machen und sie auf den Gottesknecht hinweisen. Mit Jesus verbunden sein und seine Botschaft weitertragen wird zum wichtigsten Ziel unseres Lebens.

Diese Wahrheit erlebte ich in Norddeutschland. Mein Mann und ich waren dort zu einer Freizeit angereist. Die Tagung war mit etwa fünfzig Teilnehmern voll besetzt. Am zweiten Tag stieg noch ein weiterer Gast aus dem Auto, und ein junger Mann mit Namen Christian war bereit, mit ihm das Zimmer zu teilen. Er hatte ihn ja auch zu diesen Freizeittagen eingeladen und ihm den Pensionspreis bezahlt. Er stellte mir Wolfgang, den neuen Teilnehmer, vor. Am Abend erzählte mir dann Christian die Geschichte seines Freundes. Dieser sei erst vor einigen Wochen aus dem Gefängnis entlassen worden und hätte es unheimlich schwer, in seinem Heimatdorf Fuß zu fassen. 15 Jahre hatte er in seiner Zelle absitzen müssen, aber nun war er frei. Eine schwere Schuld hatte er auf sich geladen. Es war ein elendes Dasein, das Wolfgang zu Hause erleben musste. Sein Vater war Alkoholiker und ein Tyrann. Seine Mutter konnte sich gegen diesen starrköpfigen Vater nicht durchsetzen, und so litt die ganze Familie unter seinen Wutausbrüchen. Wolfgang wäre so gerne nach der Mittleren Reife weiter auf dem Gymnasium geblieben, aber er musste auf Anordnung des Vaters die Schule verlassen und durfte kein Abitur machen. „Es wird Zeit, dass du endlich mal deinen Hintern bewegst und Geld ins Haus bringst."

Geld verdiente Wolfgang nach seiner Lehre in einer Autowerkstatt, und er war stolz darauf. Aber der Vater ließ ihm keinen Pfennig im Portemonnaie. Seinen ganzen Lohn musste der Sohn abgeben. Das ärgerte ihn maßlos. Die anderen Gesellen in der Werkstatt kauften sich gebrauchte Autos oder Motorräder, und er stand immer ohne Geld da. Der Vater war auch in seinen Äußerungen sehr zynisch und ließ kein gutes Haar an seinem Ältesten. Oft gab es zu Hause harte Auseinandersetzungen. Als er einmal dabei zusehen musste, wie seine jüngere Schwester vom Vater schrecklich geschlagen wurde, nur weil sie eine dreiviertel Stunde zu spät von der Kirmes nach Hause gekommen war, packte ihn die Wut. In seinem Zorn und seiner Empörung beschloss er, den Vater umzubringen. Die ganze Familie wurde von ihm drangsaliert, sogar die Mutter.

An einem Wochenende kam der Vater lange nach Mitternacht stockbesoffen aus der Kneipe. Wolfgang lauerte ihm auf und schlug ihn zusammen. Der Vater lag wochenlang im Koma und verstarb. Wolfgang kam ins Gefängnis, und sein Urteilsspruch lautete: lebenslänglich. 15 Jahre hatte er nun hinter Mauern zubringen müssen, und in dieser Zeit hatte Christian

Kontakt zu ihm aufgenommen und ihn besucht. Er holte ihn an seinem Entlassungstag am Gefängnistor ab und besorgte ihm auch eine kleine Wohnung. In einer Metallfabrik fand er Arbeit für ihn. Aber in seinem Heimatdorf wurde Wolfgang von allen gemieden. Keiner wollte mit einem Knastbruder etwas zu tun haben. Christian war der Einzige, der sich seiner annahm. So war er auch durch ihn zu unserer Freizeit eingeladen worden. Keiner wusste davon, dass wir einen Mörder in unserer Mitte hatten. Nur mir als Freizeitleitung hatte Christian dies mitgeteilt. In jeder Bibelstunde saß Wolfgang unter uns und kam auch zu meinen Vorträgen. Einmal versuchte ich mich mit ihm zu unterhalten, aber er schwieg nur. Still und in sich gekehrt saß er vor mir.

Zwei Jahre später lud mich Christian zu einer Vortragsreihe in seine Gemeinde ein. Es war mir eine Freude, auch Wolfgang zu begrüßen, und es gab ein frohes Wiedersehen. Christian erzählte mir, dass sein Freund zu den treuesten Teilnehmern der Bibelstunde gehörte. Gott schaffte Neues im Leben dieses Mannes. Das war ihm an seinem fröhlichen Gesichtsausdruck anzumerken. Das Wort des Propheten Jesaja erfüllte sich bei ihm: „Die Strafe liegt auf Jesus, dem Gottesknecht, und wir sind frei."

Das entscheidende Gespräch mit Mirko

Es ist immer ein Wunder, wenn in einer Predigt Menschen vom Wort der Bibel berührt werden. So suchte mich ein junger Familienvater nach einem Gottesdienst, den ich hielt, auf, um mit mir zu sprechen. Mirko hat mir erlaubt, diese Begegnung niederzuschreiben.

„Vielleicht macht mein Zeugnis anderen Menschen Mut, ihr Leben mit Jesus zu wagen." Mit diesen Worten drückte er mir nach unserer Unterredung fest die Hand und fragte noch höflich: „Darf ich Sie in den Arm nehmen? Sie haben mir geholfen, meine Angst wieder in den Griff zu bekommen." Gern ließ ich mir die Wertschätzung von Mirko gefallen. Er hätte mein Sohn sein können. Aber wer ist dieser junge Mann?

Seine Not ging mir unter die Haut: „Frau Bormuth, morgen muss ich wieder in die Klinik nach Chemnitz. Ich habe solche Angst. Sie drückt mich zu Boden. Ich weiß weder ein noch aus und bin verzweifelt. Am Montag werde ich die neuesten Untersuchungsergebnisse erfahren. Wahrscheinlich werde ich wieder für längere Zeit ein Bett im Krankenhaus hüten müssen. Wie lange dies sein wird, das weiß ich noch nicht. Sie müssen wissen, ich leide an der schrecklichen Krankheit: Leukämie. Vor zwei Jahren wurde mir die Diagnose gestellt. Wegen heftiger Rückenschmerzen habe ich mich in ärztliche Behandlung begeben. Als mir der Mediziner die Wahrheit sagte, war ich entsetzt. Mir ist es bisher gesundheitlich immer gut ergangen, und ich habe nur sehr selten einen Doktor aufsuchen müssen. Deshalb hat mich dieser Krebs umso härter getroffen.

Durch und durch bin ich sportbegeistert. Fußball war bisher mein Leben, und ich trainierte zunächst die Jugendmannschaft von Crottendorf. Später sind wir dann sogar in eine höhere Liga aufgestiegen. Nach diesem Erfolg baten mich auch andere Vereine, sie zu trainieren. Ich bin mit meinen Kameraden herzlich verbunden, und obwohl ich ihnen viel abverlange, geben sie doch ihr Bestes und enttäuschen mich nicht. Überall in unserem Umkreis wird in den Sportjournalen von unserem Aufstieg berichtet. Ich werde für meinen Einsatz geehrt und schwebte natürlich auf Wolke sieben. Das ist ja auch verständlich, denn jede Anerkennung hebt unser Wohlgefühl.

Ich bin verheiratet und habe drei Kinder. Familiär hätte es sicher besser bei uns aussehen können. Ich habe lange über der Begeisterung für den Fußball meine Lieben hinten angestellt. Das brachte viele Probleme. Aber leider wurde mir dies erst durch meine heftige Erkrankung bewusst. Heute haben wir neu zueinander gefunden. Die Diagnose Leukämie traf mich wie ein Blitz aus heiterem Himmel. An Fußball war nun nicht mehr zu denken. Wenn ich mit dem Leben davon käme, dann hätte ich großes Glück, das wurde mir sofort bewusst. Was mir in dieser notvollen Zeit geholfen hat, war der Trost der Bibel.

Aus dem Wort Gottes flossen mir Mut, Zuversicht und neue Hoffnung zu. Gespräche mit Christen halfen mir, mich in die Hände Jesu fallen zu lassen und mich ihm anzuvertrauen. So wurde ich selbst Christ. Es waren besonders die Psalmen, die mir Auftrieb gaben, vor allem Psalm 116. An ihn klammerte ich mich:

> *„Ich liebe den Herrn, denn er hört die Stimme meines Flehens.*
> *Er neigte sein Ohr zu mir; darum will ich mein Leben lang ihn anrufen.*
> *Stricke des Todes hatten mich umfangen, des Totenreichs Schrecken hatten mich getroffen; ich kam in Jammer und Not.*
> *Aber ich rief an den Namen des Herrn: Ach Herr, errette mich!"*

Und dann geschah es, dass Gott mein Rufen zu ihm erhörte und ich gesund aus dem Krankenhaus entlassen werden konnte. Meine Freude und mein Dank an meinen Schöpfer kannten keine Grenzen. Befreit atmete ich auf. Von ganzem Herzen war ich bereit, nun Jesus nachzufolgen. Ich schlug eine neue Spur ein, brachte in einem Beichtgespräch meine Schuld vor Gott und erlebte seine Vergebung. Die Zeit, die nun folgte, war vom Glück überstrahlt. Fröhlich bekannte ich, wie wunderbar Jesus in mein Leben eingegriffen hatte.

Aber leider dauerte diese Erfahrung nur anderthalb Jahre. Erneut traten Rückenschmerzen auf, und ich ahnte nichts Gutes. Die Ärzte stellten einen Rückfall fest. Morgen erfahre ich, wie es mit mir weitergehen soll. Vor Angst zittere ich am ganzen Körper, und mein Vertrauen zu Jesus droht zu schwinden. Warum nur ist mein Glaube so schwach? Ich komme mir vor wie ein schrecklicher Versager."

Hier griff ich ins Gespräch ein: „Mirko, Sie sind kein Versager. Sie sind von Gott geliebt und bleiben in seinen Händen, was immer auch geschehen mag. Sie gleichen in Ihrer jetzigen Lage einer Hiobsgestalt. Aber auch Ihnen darf diese Gewissheit zufließen, die Hiob die Kraft gab, seine Anfechtungen durchzustehen:

‚Ich weiß, dass mein Erlöser lebt‘, hat er ausrufen können, und Sie dürfen auch nicht den Mut verlieren. Mir selbst hat nach einem gefährlichen Unfall, bei dem ich schreckliche Schmerzen zu erdulden hatte, das Wort aus Jesaja 53 sehr geholfen: *‚Fürwahr, Christus trug unsere Krankheit und lud auf sich unsere Schmerzen. Die Strafe liegt auf ihm, auf dass wir Frieden hätten, und durch seine Wunden sind wir geheilt.‘*

Das ist der Zuspruch, der auch Ihnen aus dem Mund Gottes zuteil werden darf. Auch mich hat der

Psalm 86 wieder aufgebaut, als mich die Schmerzen quälten und ich fernab von Zuhause in der Stauferklinik lag. Er ist überschrieben mit ‚Worte in schwerer Bedrängnis'. Darf ich Ihnen einige Verse vorlesen?"

Mirko nickte.

‚*Herr, neige deine Ohren und erhöre mich; denn ich bin elend und arm. Bewahre meine Seele, denn ich bin dein. Hilf du, mein Gott, deinem Knecht, der sich verlässt auf dich. Herr, sei mir gnädig; denn ich rufe täglich zu dir. Erfreue die Seele deines Knechtes; denn nach dir, Herr verlangt mich.*'

Der junge Familienvater war stark bewegt. Wie ein trockener Schwamm das Wasser aufnimmt, so sog der Schwerkranke das Wort der Bibel auf.

"Sie dürfen jetzt schwach sein, Mirko, und auch weinen. In dieser Bedrängnis ist Ihre Angst verständlich. Werfen Sie sich kräftig in die Arme Jesu. Er wird Sie durch diese anfechtungsreiche Zeit tragen und stützen. In Jesus liegt Ihre Hoffnung. Wenn es sein Wille ist, wird er Sie wieder gesund machen, denn er schreibt die Partitur Ihres Lebens, mal in Dur und mal in Moll.

Hat der Gottessohn nicht selbst entsetzliche Qualen durchgestanden? Als er am Kreuz auf Golgatha hing, an Füßen und Händen angenagelt, hat er Schreckliches erduldet. Heiß schien die Sonne vom Himmel, und der Durst war unerträglich. Von Gott fühlte er sich verlassen, zumal er die Schuld aller Menschen auf sich geladen hat. Laut schrie er: ‚Mein Gott, mein

Gott, warum hast du mich verlassen?' Unter dem Todesbalken stand die gaffende Menschenmenge und verhöhnte ihn. Aber in dieser Situation, da alles verloren erschien, hatte Gott schon den wunderbaren Auferstehungsmorgen in seinem Blickfeld. Fassen Sie diese Wahrheit:

‚Leben wir, so leben wir dem Herrn. Sterben wir, so sterben wir dem Herrn. Darum wir leben oder sterben, wir sind des Herrn!'"

Mirko saß still da und nickte mir zu.

„Ist das nicht seltsam, Frau Bormuth? Sie machen mir neu Mut und Hoffnung. Sogar mein Zittern hatte aufgehört."

Behutsam fragte ich ihn: „Ist es recht, wenn wir noch zusammen beten?"

Mirko faltete die Hände, und wir riefen gemeinsam Gott um Hilfe an.

Das Schicksal dieses jungen Trainers bewegt mich sehr. In meinen Morgen- und Abendgebeten nenne ich seinen Namen vor Gott. Mir bleibt die Gewissheit, dass Mirkos Leben fest in Jesu Hand ruht, zumal mir ein Anruf aus Crottendorf gute Nachricht überbringt. Die Geschwulst in der Wirbelsäule habe sich verkleinert. Auch die Stammzellenübertragung zeigt Fortschritte. So danke ich Gott für jeden Schritt der Hoffnung.

Freunde berichten mir auch, was sich in diesem Dorf bei Bekanntwerden von Mirkos Krankheit schon alles ereignet hat. Für mich ist dies sehr aufschlussreich. Unter der Überschrift „Ein Dorf will Mirko retten" erfahre ich folgendes: „Für Crottendorf ist dies ein Schock, dass Mirko schwer erkrankt ist. ‚Wir wollen Mirko beistehen', sagen seine Sportkameraden. Es gibt wohl kaum einen Dorfbewohner, der sich nicht auch in die Schar der Helfer einreihen will. Eine Stammzellentransplantation könnte dazu beitragen, die Krebszellen zu besiegen. Wie kann dieser Aufruf am besten in die weite Öffentlichkeit getragen werden? Schließlich finden die Verantwortlichen für diese Aktion eine Lösung. Jedes Jahr veranstaltet die Kirchgemeinde im Park ein Sommerfest mit Gottesdienst, einigen Chören und frohem Spiel für die Kinder. Für ein reichliches Mittagessen und für Kaffee und Kuchen wird von den Gemeindegliedern gesorgt. Die verschiedenen Fußballvereine haben eine gute Idee und suchen den Ortspfarrer auf: ‚Könnten wir dieses Jahr das Parkfest nicht auf den Fußballplatz verlegen und dazu das ganze Dorf einladen? Gleichzeitig soll an diesem Tag, zu dem mehr als tausend Gäste erwartet werden, ein Aufruf zur Typisierung für Mirko erfolgen. Vielleicht kann die Suche nach geeigneten Stammzellen gelingen. Das wäre unser Anliegen.'"

Der Pfarrer erklärt sich damit einverstanden, und so findet am 15. Juli 2012 ein ökumenischer Gottesdienst auf dem weiten Fußballfeld statt. Bei strahlendem Sonnenschein sind mehr als 1300 Besucher gekommen. Nach der Predigt fragt Mirko den Pfarrer, ob er denn auch etwas sagen dürfe. Dieser ist skeptisch: „Wenn du es dir zutraust, dann tue es doch bitte." Für Mirko ist dies ein Risiko, denn er ist erst vor vier Tagen aus dem Krankenhaus entlassen worden. Doch er wagt es, und das Zeugnis des jungen Familienvaters ist ergreifend. Er dankt Gott für die bisherige Durchhilfe. „Ohne meinen Schöpfer, in dessen Händen ich mich geborgen weiß, hätte ich diese Zeit im Klinikum nicht durchstehen können. Mein Leben habe ich bewusst Jesus Christus anvertraut. Er ist mein Herr und mein Erlöser. Das Wort der Bibel gab mir reichen Trost, und am liebsten las ich immer Psalm 116:

‚Aber ich rief an den Namen des Herrn: Ach, Herr, errette mich! Sei nun wieder zufrieden, meine Seele; denn der Herr tut dir Gutes. Denn du hast meine Seele vom Tode errettet, mein Auge von den Tränen, meinen Fuß vom Gleiten.'

Dieser Psalm bewahrheitete sich, und Gott hörte mein Rufen. Mein Dank gehört meinem Herrn, ihm will ich immer angehören und ihm die Treue halten. Danke, dass ihr alle zugehört habt."

Nach diesen bewegenden Worten greift mancher Zuhörer zum Taschentuch und lässt seinen Tränen freien Lauf. Mirko ist ja einer von ihnen. Seiner Mannschaft ist er für eine Reihe von Jahren ein wunderbarer Trainer gewesen. Nun steht das ganze Dorf hinter ihm.

Nach dem Gottesdienst bietet sich den Besuchern

die Möglichkeit, im Feuerwehrdepot von 10 bis 16 Uhr zur Blutentnahme zu kommen. Außerdem sollen an diesem Festtag verschiedene Spendenaktionen gestartet werden; denn jede Typisierung kostet mindestens 50 Euro. So hoffen die Veranstalter, dass viel Geld dafür in die Kasse fließt. Einige Firmen tragen mit dazu bei, und ein Spendenlauf ist auch geplant. Er soll um 17 Uhr stattfinden und den krönenden Abschluss bilden. Jeder, ob jung oder alt, kann als Läufer oder Sponsor daran teilnehmen. Man kann laufen, gehen oder kriechen auf zwei Beinen oder auch auf vier Beinen, wenn man seinen Hund mitbringt. Es ist zum Staunen, dass bei diesem Spendenlauf insgesamt 1838 Kilometer zurückgelegt werden und rund 1000 Euro eingehen.

Die Knochenmarkspenderdatei erlebt an diesem Tag eine großartige Typisierung. Es sind mehr als 1200 Menschen, die sich für Mirko Blut abnehmen lassen.

Über den Tag verteilt gibt es ein fröhliches Zusammensein. Es ist erstaunlich, was Crottendorf alles an künstlerischen Aktivitäten zu bieten hat. Posaunenbläser, Kinder- und Erwachsenenchöre treten auf und geben ihr Bestes. Viele frohe Spiele werden veranstaltet. Ein großer Programmpunkt ist das Fußballspiel der ersten Mannschaft gegen die zweite Mannschaft von Erzgebirge Aue. Mit 5 : 2 wird ein Superergebnis erzielt. Sogar der Bürgermeister im Tor hat bis auf zwei Treffer seinen Kasten sauber gehalten.

Für die Verpflegung der Besucher sorgt an diesem Tag der Erzgebirgsverein. Insgesamt werden 1200 Bratwürste, 25 Kilogramm Wiener Würstchen, 500 doppelte Semmeln, 300 Fischsemmeln, 14 Toastbrote, 680 Liter Bier und 27 Kästen alkoholfreie Getränke von den über 3500 Besuchern, die sich im Laufe des Tages noch eingefunden haben, verspeist. Dreihundert Portionen Eis spendet die Hofkäserei, dazu 230 Portionen Zuckerwatte und noch andere Süßigkeiten. Die Hausfrauen leisten mit ihren Kuchen und Torten Großes. Sie backen 46 Blechkuchen und kochen über 600 Tassen Kaffee. Die Bäckereien des Ortes tragen noch mit ihren Spezialitäten zum Gelingen des Festes bei. Außerdem will ich noch die Tombola und das Glücksrad erwähnen. An diesem einzigartigen Tag gehen 41.464,77 Euro ein. Sogar Kinder plündern ihre Sparbüchsen.

Die einhellige Meinung an diesem Tag lautet: „Wir sind stolz, Crottendorfer zu sein."

Heute nun habe ich mit Mirko telefoniert. In Dresden wurden ihm die geeigneten Stammzellen transplantiert. Für Mirko war dies ein schwerer Eingriff. Aber er hat ihn bis jetzt gut überstanden. Auch die Ärzte sind mit seinen Blutwerten zufrieden. Es geht aufwärts mit ihm. Aber natürlich muss er viel Geduld aufbringen. Aus der Klinik konnte er vorläufig entlassen werden. Kleine Spaziergänge kann er schon wieder unternehmen. Sein größter Wunsch ist, dass er bald wieder im Kindergottesdienst mithelfen kann.

„Meine Kleinen liegen mit sehr am Herzen", erzählt er mir. Mirko bedankt sich noch für den Brief, den ich ihm in die Klinik nach Dresden geschickt hatte. „Wie hoffnungsvoll sind doch Ihre Worte", erklärt er mir. „Immer wieder habe ich ihn gelesen, besonders wenn es mir schlecht ging." Bevor ich den Hörer wieder auflege, bete ich mit meinem Freund. „Das ist der beste Dienst, den Sie mir tun, liebe Frau Bormuth", ruft er noch in den Apparat. Diese Verbindung mit Mirko will ich weiter halten. Wie heißt es in der Heiligen Schrift? *‚Betet ohne Unterlass!'* Diesem Aufruf will ich gerne nachkommen.

Unser Dienstauftrag in Amerika

Mich erreichte eine Einladung, in Amerika zusammen mit meinem Mann eine Rüstzeit zu gestalten. Natürlich nahmen wir dieses Angebot mit großer Freude an. Noch nie bin ich in diesem weiten Land gewesen, von dem mir meine Kinder schon viel berichtet haben. Nun sollte ich nach Liberty Corner im Staat New Jersey kommen und dort das biblische Wort verkündigen. Es ist eine ausgesprochen schöne Gegend, direkt in der Nähe von New York gelegen. Nur wenige Kilometer davon entfernt breitet sich der Atlantische Ozean aus. New Jersey trägt mit Recht den Namen „Garden State (Garten Staat)", denn alle Bundesstaaten der USA werden mit einem zusätzlichen Namen benannt. Ich war auf diese Reise sehr gespannt. Schon am Flughafen in Frankfurt am Main wurden wir freundlich empfangen und mit einem kleinen Elektroauto bis zum Flugsteig gebracht. Dies war ein längerer Weg, den man uns älteren Menschen nicht zumuten wollte. Vorbei an den langen Schlangen, die in der Urlaubszeit auf ihre Abfertigung warteten, fuhr uns eine junge Dame bis zur Kontrolle. Einige Passanten schauten uns fröhlich an und winkten uns zu. Wir hatten es ja wirklich gut und grüßten mit einem Lächeln zurück. Nirgendwo mussten wir warten, und im Flieger wurden uns gleich drei Plätze zugewiesen. Das hat uns natürlich sehr gefreut, denn nun stand uns eine ganze Bankreihe zum Ausruhen zur Verfügung. Auf dem Kennedy Airport erging es uns ähnlich, und wir mussten nicht die langen Wege bis zum Ausgang zu Fuß gehen. Dort warteten schon zwei Diakonissen auf uns und nahmen uns in Empfang. Sie nahmen uns die Koffer ab und brachten uns zu ihrem Auto.

In Liberty Corner verbrachten wir 11 Tage in froher Gemeinschaft mit amerikanischen Christen. Zehn Teilnehmer waren sogar die weite Strecke von über 800 Kilometern aus Kanada zu dieser deutschen Freizeit gekommen. An einem Tag feierten wir sogar das Jubiläum von vier Schwestern. Das war ein Freudenfest, und gespannt horchte ich auf ihre Zeugnisse, wie sie Gott in den Dienst gerufen und sie wunderbar auf ihrem Weg geführt hat. Eine Jubilarin konnte auf 75 Jahre im Verkündigungsauftrag für Jesus zurückblicken. Zwei von ihnen arbeiteten 60 Jahre auf verschiedenen Stationen und eine 50 Jahre. Zusammen waren es 245 Dienstjahre im Reich Gottes. Auch wir wurden um ein Grußwort gebeten.

Schwester Käthy Kimmich hat mich besonders beeindruckt. Mit ihren 105 Jahren erzählte sie sehr humorvoll über ihre Zeit in dieser Schwesterngemeinschaft. An einem Vormittag besuchte ich sie dann in ihrem Altenstübchen. Sie berichtete von ihrer Zeit, als sie selbst noch recht jung Kindern und Erwachsenen in den Riesenstädten Amerikas das Evangelium nahe brachte. Wie viele Menschen mögen durch ihre Verkündigung auf den Weg in die Gemeinschaft mit Christus gebracht worden sein? „Na ja", meinte sie in dem Gespräch, „Ihnen als junge Frau wird Gott noch viel zumuten." Ich musste schmunzeln. Für Schwester Käthy waren meine 78 Jahre noch Jugendzeit. Diese alt gewordene Diakonisse hatte viel Schönes zu berichten und beeindruckte mich stark. Es war so, als lebte sie inmitten der Jungen und Mädchen, die ihr früher anvertraut waren. „Gewiss", sagte sie, „manchmal muss ich heute eine Lupe zur Hand nehmen. Meine Augen wollen mir den Dienst versagen, und es ärgert mich schon, dass ich ständig solch ein Glas in die Hand nehmen muss. Warum werden nur so viele Bücher in kleiner Schrift gedruckt? Wären die Buchstaben etwas größer, dann fiele mir das Lesen leichter, und ich käme schneller voran. Denken denn die Buchdrucker gar nicht an uns Ältere? Jedenfalls freue ich mich, dass Ihre Bücher, Frau Bormuth, eine Ausnahme bilden. Sie sind mir mit dem Großdruck eine Freude."

Schwester Käthy ist ein Original. Die Unterhaltung mit ihr war mir recht interessant. Über ihr Erleben mit Jesus könnte man dicke Bände füllen. So sagte sie beim Abschied: „Vielleicht das nächste Mal, wenn Sie wieder nach Amerika kommen, dann fülle ich Ihnen die Seiten." Wie viel Hoffnung lag doch in ihren

Worten. Wenn sie aus früheren Zeiten erzählte, dann sprach sie immer von ihrer Jugend, die sie heute noch besucht. „Zum Jubiläum kommen ‚meine jungen Leute'", strahlte sie über das ganze Gesicht. Ich überlegte, dass die „jungen Leute" ja schon über 80 Jahre alt sein müssten. Und so war es auch. Von vielen Geschenken und vor allem von herrlichen Blumen umgeben saß sie glücklich am Tisch. Sie strahlte.

Als ich mich von ihr verabschiedete, weil unsere schöne Zeit in Liberty Corner zu Ende ging, drückte sie mir fest die Hand. „Bis zum nächsten Mal, liebe Frau Bormuth." „Ja", antwortete ich ihr, „bis zum nächsten Jahr, so Gott will, und wir leben." „Auf alle Fälle werden wir uns wiedersehen entweder auf Erden oder im Himmel. Und im Himmel wird es noch schöner sein", lachte sie vergnügt. Ich nickte still und dachte über ihre Worte nach. Im hohen Alter von 105 Jahren solch eine Strahlkraft und Hoffnung zu haben, ist bewundernswert. Und ich betete im Stillen: Herr Jesus, schenke mir auch viel Mut und Freude, für immer in deiner Nähe zu bleiben und mit solch froher Gewissheit das Heute und das Morgen aus deiner Hand zu nehmen.

„Ja, Schwester Käthi, wir werden uns ganz sicher wieder begegnen."

Fahrt in den Osten Deutschlands

Ich weiß gar nicht mehr, wie oft ich nach der Grenzöffnung und schon Jahre zuvor in den Osten gefahren bin. An manchen Orten wie zum Beispiel im Freizeitheim Reudnitz bei Greiz war ich schon mindestens 25 Mal und hielt Rüstzeiten. Davon liegen Stöße von ausgearbeiteten Bibeltexten in meinem Schrank. Eigentlich wollte ich im Jahr 2012 zum letzten Mal dort meinen Verkündigungsdienst verrichten.

Aber auch für 2013 wurde ich vom Hausvater Bernhard Seifert gebeten zu kommen. Bis zum Herbst hätte ich ja noch Zeit, mir Vortragsthemen zu überlegen. Mich freut es jedes Mal, wenn alle Betten wieder belegt sind. Auch für das Haus sollen sich solche Tage lohnen. Schon die Fahrt durch den Vogelsberg, die Rhön, das Fichtelgebirge und dann das Erzgebirge bis fast an die tschechische Grenze versetzt mich in Staunen. Über wunderbare nicht so stark befahrene Autobahnen chauffiert mich mein Mann auf meinen Reisen. Wenn wir am Autobahndreieck Bayrisches Vogtland in der Nähe der Stadt Hof auf die A 72 eingebogen sind, werde ich immer hellwach. Mein Blick geht nach links, und voller Sehnsucht warte ich auf den Wachturm, der beim früheren Grenzübergang in den Westen die Flüchtenden ausspähen sollte. Er steht mitten auf einem freien Feld. Dahinter beginnt dann der Wald. Von dort aus war es zu DDR Zeiten möglich, Grenzübertreter zu sichten und sie festzunehmen. Heute hat er seine Funktion glücklicherweise verloren. Einsam und ziemlich von Wind und Regen verwittert steht er nun da. Frei von Angst fahren wir an ihm vorbei ins Vogtland. Mein Herz ist jedesmal von neuem bewegt. Während mein Mann auf der Autobahn dahin braust, falte ich meine Hände und danke Gott für das Wunder der Wiedervereinigung. Mein Herz ist so erleichtert, dass ich nicht mehr kontrolliert werde. Vor der Wende bin ich nämlich voller Bangen in den Osten gefahren. In Gerstungen war nämlich die Grenzkontrolle.

Einmal hatte ein Fahrgast schon in Bebra seinen Proviant ausgepackt und ließ sich seine Wurststullen schmecken. Die Mitreisenden im Abteil mahnten ihn: „Packen Sie Ihr Brot nur schnell wieder ein. Bevor die Pässe nicht eingesehen sind, dürfen Sie nicht essen." Der Mann gehorchte. Alle Reisenden saßen schweigend auf ihren Plätzen. Eine ältere Frau flüsterte mir leise ins Ohr: „Ich habe von meinen Verwandten in Kassel eine Kaffeemaschine geschenkt bekommen. Hoffentlich wird sie mir nicht abgenommen." Mir wurde dabei auch etwas bang, denn in meinen beiden Koffern lagen viele Geschenke. Ich wollte doch nicht mit leeren Händen zu meinen Glaubensgeschwistern im Osten kommen. In Bebra musste ich umsteigen.

Der Bahnsteig für den Interzonenzug lag am hintersten Ende. Ich hätte mich treppauf und treppab und dann durch eine lange Unterführung bis dorthin quälen müssen. Aber ich hatte Glück. Ein Herr, nicht mehr ganz jung, aber groß und stark, begegnete mir. Ich bat ihn freundlich, ob er mich nicht bis zum Bahnsteig 4 bringen könnte. Etwas verschmitzt schaute er mich an: „Ja, ja, so sind die Weiber. Sie kriegen ihren Rachen nicht voll, packen so viel in ihre Koffer, bis sie sie nicht mehr tragen können. Und dann müssen wir armen Mannsbilder herhalten und ihnen ihre Bagage an den Zug bringen." Ich lächelte freundlich und dankte ihm für seine Hilfe.

Wir hatten Glück. In unserem Abteil wurde unser Gepäck nicht gefilzt. Wie froh war ich, als ich in Gotha abgeholt wurde und alle meine Geschenke gut über die Grenze gebracht hatte. Eine ältere Dame aber wurde in Gerstungen aus einem der hinteren Wagen aus dem Zug geholt. Mit zwei schweren Taschen und einem Rucksack auf dem Buckel musste sie sich an dem fast endlosen Interzonenzug entlang bis zum Kontrollbüro abschleppen. Dabei wurde sie von zwei Vopos mit Schäferhunden begleitet. Die ältere Dame tat mir leid. Man sah ihr an, wie mühsam und immer kürzer ihre Schritte wurden. Fast wie ein Verbrecher wurde sie abgeführt. Sahen denn die Vopos gar nicht, dass diese Frau mit ihrer Kraft am Ende war? Sie hätten ihr doch das Gepäck abnehmen können. Noch immer kann ich dieses Bild am Übergangsbahnhof in Gerstungen nicht los werden. Jetzt aber nach der Wende sind wir frei, königlich frei. Ich brauche mich nicht mehr zu ängstigen, dass mir die vielen Bücher abgenommen werden, auf die meine Zuhörer in Thüringen und Sachsen warten. Hässlich steht nur noch dieses Mahnmal einer schrecklichen Vergangenheit in der wunderschönen Landschaft und im frischen Grün des Frühlings.

So bete ich: „Herr, wie soll ich dir danken? Unblutig hast du diese Zusammenführung von Ost und West herbeigeführt. Ohne Angst und ohne Repressalien darf ich in den Osten reisen. Wir sind wieder ein Volk. Du hast zusammengebracht, was zusammen gehört. Darüber jubelt mein Herz. Ich danke dir, lieber Herr, dass ich deine Botin sein darf. Du öffnest mir die Augen für dieses herrliche Land mit all seiner Schönheit. Ich darf Gemeinschaft mit meinen Glaubensgeschwistern in Schwarzenberg, Crottendorf, Zwickau und vielen anderen Orten im Vogtland und im Erzgebirge haben. Dieses Wunder kann ich kaum begreifen. Ich danke dir, lieber Herr Jesus, für die Liebe und Gastfreundschaft und die innere Verbundenheit mit meinen Brüdern und Schwestern. Außerdem hast du mir noch drei wunderbare Schwiegertöchter aus Floh, Scheibenberg und Probstzella im Osten geschenkt. Auch für unsere Familie hat sich diese Wende gelohnt. Amen." Mit großer Freude lese ich während der Fahrt in meinem kleinen Neuen Testament, das ich immer bei mir habe, aus Psalm 91: *„Wer unter dem Schirm des*

Höchsten sitzt und unter dem Schatten des Allmächtigen bleibt, der spricht zu dem Herrn: Meine Zuversicht und meine Burg, mein Gott, auf den ich hoffe. Er wird dich mit seinen Fittichen decken, und Zuflucht wirst du haben unter seinen Flügeln."

So darf ich unter himmlischem Personenschutz meinen Verkündigungsdienst ausrichten. Der Herr sei hochgelobt!

Ein besonderer Hochzeitstag

Dieses Ereignis ist mir höchst peinlich. Während meines Vortrags in Lemförde in diesem so gepflegten und herrlich eingerichteten Gästehaus mit seiner hervorragenden Küche ist mir ein Satz über die Lippen gerutscht, der nicht in meinem Manuskript stand und den ich nicht hätte sagen dürfen: „Morgen feiern wir unseren 55. Hochzeitstag." Und was kommt unserer Leiterin, Schwester Inge, in den Sinn? Sie hält für uns, altes Ehepaar, eine Überraschung bereit. Am nächsten Morgen sind unsere Frühstücksteller mit Efeu umrankt und rote Rosen schmücken unseren Platz. Eine Kerze brennt und zwei bunte Spruchkarten sind uns als Geschenk zugedacht. Außerdem erhalten wir für unseren Vortragsdienst eine violett blühende, wunderschöne Orchidee, die in ihrer Blütenpracht einzigartig ist und noch mindestens acht Knospen trägt. Mein Mann und ich sind überwältigt von der Liebe und dem Einfallsreichtum dieser Diakonisse. Zu Beginn unserer Morgenmahlzeit liest Schwester Inge uns ein Gebet vor. Sie hat es extra für uns ausgesucht und es passt Zeile für Zeile genau in unser Leben. Einen schöneren Gedenktag hätte ich mir nicht wünschen können. So betet sie:

„Mein Gott,
vor dir gedenke ich der früheren Jahre und Zeiten.
Was hast du uns miteinander alles an Gutem erfahren lassen!
Wie viele beglückende Stunden gab es.
Ich will mich erinnern. ...
Wie geborgen fühlten wir uns in der Treue des anderen,
wie aufgehoben im Sorgen füreinander.
Gott, was für ein Geschenk,
ein Leben nicht nur nebeneinander zu führen,
sondern immer wieder neu zueinander.
Wie viele interessante Begegnungen hatten wir.
Wie viele liebe Menschen waren bei uns zu Gast.
Ich will mich erinnern. ...
Wie viel Fröhlichkeit brachten die Kinder ins Haus.
An die Stunden der Besorgnis will ich jetzt nicht denken. ...
Was haben wir nicht alles gesehen auf Reisen und auf Wanderungen. ...
Was haben wir gehört und gelesen und miteinander besprochen. ...
Gott, unser Leben war reich.
Und es ist noch reich,
weil wir das Erlebte nicht verlieren.
Es ist jedesmal neu da,
wenn wir es in die Erinnerung zurückholen.
Danke, Herr, für alles, an das ich mich erinnern kann,
an das ich mich erinnern darf."

Liebe Schwester Inge, herzlichen Dank für diesen einzigartigen Gedenktag! Und dann wünschten wir uns noch das Lied, das von einer Aidlinger Schwester gedichtet wurde: „Herr, weil mich festhält deine starke Hand, vertrau ich still. Weil du voll Liebe dich zu mir gewandt, vertrau ich still. Du machst mich stark, du gibst mir frohen Mut, ich preise dich, dein Wille, Herr, ist gut.

Eine treue Freundin hat mich verlassen

Heute ist ein Tag, an dem mir die Tränen nur so über die Wangen fließen. Ich kann sie nicht zurückhalten. Gerade hatte ich mit meinem Sohn einen Termin festgelegt, an dem er mich zum Besuch meiner Freundin im Auto mitnehmen würde – sie wohnt mehrere hundert Kilometer von uns entfernt – da ereilt mich die Nachricht, dass meine Freundin vor einer Woche gestorben ist und schon vor vier Tagen beerdigt wurde. Ich kann es nicht fassen und bin tief erschrocken über diese Nachricht. Warum nur wurde mir von ihrer schweren Erkrankung nichts mitgeteilt? Ich mache mir und anderen Vorwürfe und muss mir sagen: Warum bin ich nicht schon früher mit dem Zug zu ihr gefahren und habe sie besucht? Natürlich kann ich dafür Gründe anführen. Die Fahrt ins Frankenland ist weit, und meine Operationen im November und Januar hatten mich daran gehindert, sie zu besuchen. Als ich mich von den Krankenhausaufenthalten erholt hatte, lagen drei längere Verkündigungsdienste in Thüringen, Amerika und in Niedersachsen vor mir, die ich nicht hätte verschieben können. Ich bin unheimlich traurig. In all meinen Planungen hatte ich den Besuch bei meiner Freundin zurückgestellt. Und nun war sie tot. Das ist eine bittere Erfahrung, und ich kann nichts wiedergutmachen. Erst jetzt merkte ich, wie innig und tief ich mit ihr verbunden war. Vor vielen Jahren lernte ich sie kennen. Sie nahm an einer Tagung in Brückenau in der Rhön teil, die ich leitete. Unter den zahlreichen Zuhörern war sie mir nicht aufgefallen. Aber am letzten Abend, als ich schon in meinem Zimmer war und meinen Koffer packte, wurde ich zu ihr gerufen. In ihren Bademantel gehüllt saß sie auf der Couch, weinte und stammelte immer wieder: „Ich will doch auch zu Jesus kommen!" Nichts höre ich lieber als solche Bitten. Sie gehören zu meinen größten Freuden, und nichts ist schöner als Menschen zu Jesus zu führen. So rückte ich nahe an sie heran, reichte ihr ein Taschentuch und nahm ihre zitternde Hand in die meine.

„Frau Küster, heute Abend dürfen Sie den Schritt zu Jesus wagen. Er hat Sie gerufen und nun will er Sie in seine Gemeinschaft aufnehmen. *‚Wer zu mir kommt, den werde ich nicht hinausstoßen‘*, so steht es in der Heiligen Schrift. Auch Sie sind berufen, das Heil beim Gottessohn zu finden. Das ist das größte Geschenk, das er Ihnen zuteil werden lässt. Sie dürfen jetzt zu Jesus Ja sagen und in seine ausgestreckte Hand einschlagen. Zögern Sie nicht!"

Doch sie erwiderte: „Aber ich bin doch so schlecht! Wie kann ich es wagen, in die Nähe Jesu zu kommen. Ich will ja in seine Nachfolge treten, aber ich bin zu verwerflich. 63 Jahre bin ich alt, und was liegt alles an

Schuld in meinem Leben. Ich bin verloren, für immer verloren."

Ein harter Kampf tobte in meiner Gesprächspartnerin, und ich konnte ihr nur sagen: „Wenn wir auf uns sehen, dann sind wir verloren. Mir geht es genauso wie Ihnen. Auch mein Leben ist von der Sünde gezeichnet. Aber darin besteht unser Heil, dass Jesus gerade für unsere Schuld auf die Erde gekommen ist, um uns diese Last abzunehmen, sie zu tilgen und uns in die Gemeinschaft zu Gott zu führen. Wie heißt es doch? *Wenn unsere Sünde gleich blutrot ist, so soll sie doch schneeweiß werden.*' Am Kreuz hat Jesus sein Blut für Sie und mich vergossen. Auch für Sie gilt das Wort: *Kommt her zu mir alle, die ihr mühselig und beladen seid, ich will euch Ruhe geben*'. Jetzt ist für Sie, liebe Frau Küster, die Stunde gekommen, dass Sie Jesu Stimme hören können und seinem Ruf folgen: ,Du bist mir sehr wertvoll. Mein geliebtes Gotteskind sollst du sein für immer und ewig.' Das spricht er Ihnen zu.

Es folgte ein längeres Sündenbekenntnis, über das ich keine weiteren Worte verlieren möchte. Dann war Frau Küster bereit, zu Jesus Ja zu sagen. Ein leichtes Lächeln flog nun über ihr Gesicht. Am nächsten Morgen drückte ich sie fest an mich und gab ihr einen Kuss auf die Wange. Dann reiste sie wieder ins Frankenland. Aber wir blieben in Verbindung. Ich schickte ihr einen Bibelleseplan, und jeden Monat flatterte ein Brief – oft ein sehr langer – in ihren Postkasten.

So wurden wir Freunde und blieben es auch über 35 Jahre. Heute aber musste ich sie in Gottes Hand abgeben, und das tat sehr weh. Auch wenn ich wusste, dass sie nun in der neuen Welt Gottes ohne Tränen und Schmerzen ihren Herrn in der Schar der Engel loben darf, blieb mir der Schmerz, dass ich eine wunderbare Freundin verloren habe.

99 Jahre ist Frau Küster geworden. Sie war noch immer rüstig und gesund. Zu über 15 Freizeiten hatte ich sie im Laufe ihres Lebens eingeladen, und es wurden für sie immer Tage der inneren Zurüstung. Unser Band zueinander stärkte sich mehr und mehr. Wie oft trafen wie uns schon vor dem Frühstück und beteten miteinander. Wir flehten zu Gott, dass er uns die Stunden unter seinem Wort segnen möchte. Menschen sollen dem göttlichen Feuer nahe kommen und in die Schar der Christen eingereiht werden. Mehr und mehr wuchs ich mit Frau Küster zusammen. Als mir mein Mann in einem Gästehaus in einem Brief mitteilte, unsere Waschmaschine habe ihren Geist aufgegeben, fand ich zwei Tage später einen Briefumschlag mit 500 DM auf meinem Kissen. Ich meinte, dieses Geld nicht von ihr annehmen zu können. Doch sie bestand darauf. Mit einer Freundin habe sie dieses Geld zusammengelegt.

Fast jedes Jahr machten wir einen Einkaufsbummel durch Oberstdorf, und manchmal drängte sie mich in ein Geschäft. So besitze ich heute noch ein Paar Sandalen, eine Bluse und ein Püppchen für mein neugeborenes Enkelkind. Sie war auch sehr am Ergehen unserer Kinder interessiert und wollte gerne Fotos von ihnen sehen. Besonders freute sie sich darüber, dass Gottfried und Daniel Theologie studierten. Nach dem Abschluss ihrer Studien bestand sie darauf, ihnen die Talare zu schenken. Ich will nicht verraten, wie teuer diese Anschaffung war; denn sie werden nach Maß angefertigt und aus teurem Stoff genäht. Zu Weihnachten, wenn ich das Fest für Bedürftige und Einsame in unserem großen Saal plante, erreichte mich immer ein Brief mit fünfzig Euro. Wie nötig konnte ich dieses Geld gebrauchen. Für unsere mehr als 150 Gäste bereitete ich mit einigen Mitarbeitern ein köstliches Festessen vor, und sie verließen den Saal immer mit einem Lebensmittelpaket und einem christlichen Buch. Meist stammte die Lektüre aus meiner Feder.

Was soll ich noch alles erzählen, was mir durch meine Freundin an Liebe zuteil wurde. Und ich war nicht die Einzige, die sie mit ihrer Wertschätzung beglückte. Von Alexandra berichtete sie mir immer wieder. Dieses Mädchen war mit Down-Syndrom geboren worden und dadurch körperlich und geistig behindert. Viele Stunden verbrachte sie in dieser Familie mit diesem Kind. Oft unternahmen beide einen Spaziergang, aßen Eis miteinander und sangen zusammen ein Kinderlied. Wie gerne hörte Alexandra die biblischen Geschichten. Für dieses junge Mädchen war sie ein rechter Segen. Für andere Bewohner im Altenheim ging sie in die Apotheke und besorgte ihnen die Medikamente. Dabei vergaß sie nie, auch frisches Obst mitzubringen. Eine reiche Dame im Altenheim wollte gerne von ihr begleitet werden, wenn sie zum Arzt musste, und dabei fuhren sie oft mit dem Taxi bis Nürnberg. Eines Tages machte diese begüterte Frau ihr den Vorschlag, dass sie mit ihr in einer Grabkammer zur letzten Ruhe gebettet werden wollte. Für alle Unkosten dieser Trauerfeier wollte diese Lehrerin aufkommen. Testamentarisch wurde dies alles festgelegt.

Wie eine Königin wurde dann Frau Küster beerdigt, wurde mir berichtet. Alexandras Mutter bettete sie im Sarg auf lauter wunderschönen, weißen Rosen. Solch einen teuren Blumenschmuck hatte man in diesem Altenheim noch nie gesehen. Auch auf dem Sargdeckel lag ein herrliches Blumenbouquet. Meine zierliche Freundin war durch ihre Hilfsbereitschaft allseits beliebt. Bis drei Monate vor ihrem Heimgang hat sie noch mit ihren 99 Jahren für Ordnung im Speisesaal gesorgt. Es war erstaunlich, wie viel Kraft und Kreativität sie darein investierte. Natürlich bleibt mir der Schmerz über den Verlust meiner Freundin, aber in großer Dankbarkeit will ich an sie denken und Gott dafür loben. Sie hat mir viel bedeutet, und ich habe einen Grund mehr, mich auf die Ewigkeit zu freuen.

So wertvoll bin ich

Schwester Irene Polak erzählt:

Als ich geboren wurde, läuteten gerade die Glocken unserer Kirche zum Gottesdienst. Meine Mutter hielt mich in Händen und strich mir liebevoll über mein Köpfchen. So hat sie es mir später erzählt. „O, das ist aber schön", lächelte die Hebamme.

„Ja, Sie haben recht, mein Töchterchen wird einmal eine Heilige. Dieses Kind ist mir ein wunderbares Geschenk, etwas ganz Besonderes." Das war mein Einstieg ins Leben, und ich bin meinen Eltern dankbar, dass sie mich aus Gottes Hand annahmen und ich ihnen überaus wertvoll war. Und doch verlief mein Lebensweg nicht auf der Sonnenseite, auch wenn mein Start unter einem einzigartigen, wunderbar tönenden Glockenklang stand. Geboren wurde ich im Jahre 1928 in der früheren Tschechoslowakei. Die Hohe Tatra befand sich ganz in unserer Nähe, fast an der Grenze zur Ukraine. Wo die Natur am schönsten ist und die Berge weit ins Land ragten, stand meine Wiege. Es war eine Kleinstadt, eine von den dreizehn Städten, die der ungarische König Bela gegründet hatte. Auf Deutsch hieß mein Heimatort Wallendorf, auf Tschechisch Villa Latima. Vor vielen Jahren kamen Siedler aus Deutschland in diese Wildnis. Der Beginn dieser

Stadt war nicht auf Rosen gebettet. Die erste Generation wurde größtenteils vom Tod hinweggerafft. Die zweite Generation litt schreckliche Not, und erst die dritte Generation hatte Brot. Mein Vater war ein Kleinbauer und Schneider. Im Laufe seines Lebens bekleidete er mehrere Ämter im Rathaus. Meine Mutter lernte den Beruf einer Schneiderin. Tüchtige Handwerker bevölkerten unsere Stadt. Mit ihrem Lohn bauten sie sich Häuser, kauften Ländereien und Wälder. So herrschte bei uns ein gewisser Wohlstand. Keiner brauchte zu hungern und zu frieren. Die ersten Jahre meiner Kindheit verliefen friedlich. Wir lebten noch mit anderen Völkergruppen, vor allem mit Juden, hier zusammen. 1938 wurde unser Gebiet an Deutschland angeschlossen, und fortan hießen wir nun Sudetenland. Noch immer ging es uns gut, und wir litten keinen Mangel. Aber dann brach in Deutschland der Krieg aus. Polen wurde angegriffen, dann auch Frankreich und Russland. Ebenso wurden Länder wie Belgien, Holland, Dänemark und Norwegen von den Deutschen besetzt. Damit hörte auch in unserem Land der Friede auf. 1944 rückte die sowjetische Front immer näher. Partisanen versetzten unsere Stadt in Angst und Schrecken. Die Situation für die deutsche Bevölkerung wurde immer kritischer. In einer Nacht flohen wir über die ungarische Grenze und kamen in ein Lager. Die Bewohner in diesem Ort nahmen uns freundlich auf. Eine Woche blieben wir hier. Dann aber mussten wir uns vor dem Rathaus versammeln und wegen der Partisanen, wieder bis weit ins ungarische Land hinein fliehen. Unheil bedrohte uns von allen Seiten, und eine geheimnisvolle, gefährliche Zeit begann. Einmal wurde ein Anschlag auf uns verübt. Zwei große Laster mit ukrainischen Soldaten in blauer Uniform, die früher einmal mit den Deutschen gekämpft hatten, waren ins gegnerische Lager übergewechselt und versetzten uns in Angst und Schrecken. Wie Katzen sprangen sie – die Gewehre über ihren Schultern hängend – vom Auto und beschlagnahmten alles, was uns von unserem Hab und Gut noch übrig geblieben war. Aber der Überfall erwies sich nicht als erfolgreich. Plötzlich tauchten deutsche Soldaten auf, die das große Dorf, besetzten. Zuvor hatten die Partisanen darin gewütet. Wir atmeten auf und blieben in dem Ort mit dem etwas schwierigen Namen Untermetzenseifen. Aber immer wieder fielen die Partisanen ein, vor allem nachts. Sie mordeten, schändeten die Frauen und nahmen mit, was nicht niet und nagelfest war. Die Männer unserer Familien mussten sich von da an zur Verteidigung bereit halten. Uns aber transportierte man wieder in unseren Heimatort zurück. Was wir in Wallendorf vorfanden, erschreckte uns zutiefst. Unser Haus war total ausgeraubt und verwüstet. Wir waren nun arm wie eine Kirchenmaus und wir blieben nur zwei Wochen. Wieder mussten wir uns auf die Flucht begeben, weil die russischen Panzer immer näher rollten. Da unsere Straße direkt neben der Grenze zu Russland lag, hörten wir Tag und Nacht Lastwagen mit Flüchtlingen aus dem Osten vorüberrauschen. Auch wir konnten nicht länger hier bleiben und fuhren über die Hohe Tatra nach Zakopane in Polen. Heute ist dieser Ort ein weltbekanntes Skigebiet.

In Polen waren wir einigermaßen sicher. Aber leider spitzte sich der Krieg mit den Sowjets immer mehr zu. Die Front kam näher. Wir hörten schon die Einschläge der Kanonenkugeln, und nachts war der Himmel von den Geschossen erhellt. Tiefflieger kreisten, kaum dass die Sonne aufgegangen war, über uns. Wenn wir uns gerade auf der Straße befanden, rannten wir um unser Leben. Es war nicht zu übersehen, dass wir zwischen die Fronten geraten könnten. In einer Nacht- und Nebelaktion wurden wir in Güterwagen verladen und von Zakopane zurück in die Nähe von Karlsbad gebracht. Unser Vater aber musste zur Verteidigung der Heimat zurückbleiben. Von hier aus wurden Mütter mit Kindern und alten Menschen nach Österreich verfrachtet. So kamen wir mit meiner Mutter und meinem kleinen Bruder nach Teplitz Schonau. Aber hier konnten wir nicht bleiben, sondern wurden wieder in Güterwaggons über Dresden nach Pommern gebracht. Diese Fahrt werde ich wohl nie mehr in meinem Leben vergessen. Wir litten Hunger und vor allem Durst. Tagelang gab es nichts zu essen und zu trinken. Vor Dresden erlebten wir in unserem Zug den Bombenabwurf der Engländer und Amerikaner über dieser wunderbaren

Stadt. Während eines Aufenthalts flüchteten wir in die Wälder und vernahmen von ferne das Gedröhne der massenhaften Flugzeuge und die Detonationen der Bomben. Der Himmel färbte sich grässlich rot von der Flammenglut, und mein Kinderherz zitterte vor Angst. Die Stadt wurde fast völlig zerstört. Es gab Zigtausende von Toten. Nur noch in Massengräbern konnten sie bestattet werden. Durch die Phosphorbomben brannte auch die Elbe. Es war ein schauriger Anblick, als sich die Menschen in die Fluten warfen, Rettung suchten und dann mitten im Wasser doch verbrannten.

Hier in der Nähe von Dresden erlebten wir auch den Einmarsch der Russen mit all ihren Gräueltaten. Als erstes wurden den Flüchtlingen die Uhren abgenommen. Oft wurden Frauen und Mädchen vor den Augen kleiner Kinder vergewaltigt. Diese Zeit des Horrors kann ich nicht aus meinem Gedächtnis auslöschen, obwohl ich dankbar sagen darf, dass wir drei Mädchen vor dem Allerschlimmsten bewahrt blieben. Ich erkenne darin die wunderbare Gnade Gottes in meinem Leben. Aber noch immer waren die Tiefflieger eine Bedrohung für uns. Sie schossen auf alles, was sich bewegte, und entdeckten uns eines Tages in einem Wald. Wir standen um den mächtigen Stamm einer Buche herum, hielten uns an den Händen fest und hörten, wie die Schüsse in unserer Nähe einschlugen und Menschen tot zusammensanken. Die Kugeln flogen rechts und links an uns vorbei, und befreit atmeten wir auf, als die Flugzeuge abdrehten. So erlebten wir die Macht und Bewahrung des Gebetes. Ein anderer Schutz blieb uns verwehrt, aber das Rufen zu Gott gab uns Durchhaltekraft und feste Zuversicht mitten in allen Schrecken. Wir wussten uns in Gottes Hand geborgen.

Am 8. Mai 1945 kapitulierte Deutschland. Der Krieg war zu Ende, aber das Elend blieb. Wir sollten nun wieder zurück in unsere Heimat gebracht werden. In Viehwaggons wurden alte Menschen und Mütter mit Kindern befördert. Die Männer kamen in Gefangenschaft. Vom Bahnhof weg holte man sie. Unser Vater wurde sogar in ein Gefängnis eingeliefert. Keinem Kind wünsche ich diesen Anblick, wenn der eigene Vater umgeben von schwerbewaffneten Soldaten wie ein Hund in Fesseln weggetrieben wird. Wir aber lebten nun wieder in einem Lager und wurden zu landwirtschaftlichen Arbeiten herangezogen. Auf unseren eigenen Höfen und Äckern waren wir nun Knechte und Mägde. Schon wir Kinder mussten das Vieh hüten und auf Enten und Gänse aufpassen. Nirgends waren wir sicher.

Bald schon wartete ein anderes Lager in der Stadt auf uns. Der Hunger quälte uns. Weil die Bohnen verdorben waren, erkrankten viele Menschen von dem vergifteten Essen. Unsere Unterkunft war total verwahrlost. Fenster und Türen waren von den Russen heraus geschlagen worden. Der Wind blies heftig durch die Zimmer, und wir froren. Aus Ästen hatten wir uns ein Bett bereitet und deckten uns mit unseren Mänteln zu. Früher war unser Haus das beste Hotel vor Ort, aber nun sah es nur noch wie eine Bruchbude aus. Die Möbel und das Porzellan waren geraubt worden. Am Heiligabend wurden wir wieder wie Vieh in Waggons verladen und abtransportiert. Aber wohin? Wir wussten nicht, was mit uns geschehen würde. Das machte uns Angst. Auch litten wir auf den langen Fahrten Hunger und Durst. Immer war es das gleiche Elend. Unterwegs sahen wir lange Züge mit deutschen Soldaten, die als Gefangene nach Sibirien abtransportiert wurden. Würden sie je die Heimat wiedersehen? Nur wenige überstanden ihr junges Leben in der Eiseskälte und bei harter Fronarbeit in den Erzbergwerken und Wäldern. Zuhause warteten die Angehörigen verzweifelt auf sie. Insgesamt hat der Krieg sowohl den Siegern als auch den Besiegten 50 Millionen Tote beschert. Welch eine Tragödie! Welch ein Wahnsinn! Welch ein Verbrechen!

In Nowaki kamen wir in ein Lager, in dem früher Juden gefangen gehalten wurden. Ein Kreuz war als Symbol aufgerichtet worden und sollte allen Menschen als Mahnung dienen: Die Würde des Menschen ist zu achten. Ich war 17 Jahre alt, als wir endlich in Stralsund landeten. Von meiner Mutter wurde ich nun getrennt. Die Russen hatten mich gefangen genommen. Ein Schrecken jagte den anderen. Ich wurde nach Usedom gebracht. Hier mussten wir die Fabriken und Häuser, in denen früher die Raketenwaffen VI und

V2 gebaut worden waren, vom Schutt befreien. Ich arbeitete in einer Brigade, wo wir jeden Tag etwa 10 Meter elektrische Kabel ausgraben mussten. Ich hätte mich gerne bei dieser Arbeit abgemüht, wenn mich nur nicht der Hunger so geplagt hätte. Morgens gab es eine Scheibe Brot und eine Tasse Carokaffee. Mittags wurden wir mit Kraut- oder Bohnensuppe versorgt. Wir wären glücklich gewesen, wenn wir in der dünnen Wasserbrühe ein paar Krautblätter und einige Bohnen hätten herausfischen können. Geschlafen haben wir in unserer Baracke auf Pritschen mit 15 Mädchen in einem Raum. Nachts wurden wir von betrunkenen Russen bedrängt, die sich den Bauch mit Wodka abgefüllt hatten. Wir verteidigten uns, so gut, wie wir es vermochten, und verrammelten unsere Tür. Die Angst vor einer Vergewaltigung machte uns stark wie junge Löwen. So zogen unsere Feinde wütend wieder ab. Ein Mädchen, das krank geworden war, wurde aus unserer Arbeitskolonne entlassen. Wir gaben ihr kleine Zettel mit Adressen für unsere Angehörigen mit; denn noch immer wussten unsere Familien nicht, wo wir verblieben waren. Unser Lager war von einem hohen Zaun umgeben. Als aber mein Vater erfuhr, wo ich mich befand, setzte er alle Hebel in Bewegung, um mich hier heraus zu holen. An einer Stelle durchtrennte er den Stacheldraht, und wir krochen von Busch zu Busch bis zur Fähre. So schafften wir es, bis nach Greifswald zu entkommen. Und nun quälte uns die Frage: Wo verbringen wir die Nacht und wo können wir uns etwas zu essen besorgen? Wir waren ja hungrig wie die Wölfe. Eine Witwe bot uns Unterkunft an. Mit ihren zwei Kindern lebte sie in einer engen Behausung. Sie teilte mit uns ihre Fischsuppe, obwohl sie selbst recht arm war und kaum etwas zu essen hatte. Am anderen Morgen fuhren wir mit dem Zug zu meiner Mutter. Die Begegnung war herzergreifend. Wir lagen uns nach so langer Trennung in den Armen und weinten vor Freude. Aber noch peinigte mich die Angst, dass mich die Russen suchen und finden könnten, denn ich war ja ihrer Brigade entflohen. Aber ich gelangte doch bis an einen Ort kurz vor Helmstedt. Vater hatte mir etwas Geld zugesteckt, so dass ich mit einem Zug reisen konnte. Aber wie sollte ich das sowjetisch besetzte Gebiet verlassen können. Die Grenzbefestigungen waren 1948 mächtig verstärkt worden. Hätten mich die Wachen entdeckt, dann hätten sie mich erschießen können. So war die Angst mein ständiger Begleiter. Ich hatte ja keinerlei Papiere und war im Grunde staatenlos. Mit einer Freundin tat ich mich zusammen, und wir beschlossen, uns in den letzten Wagen hinein zu quetschen. Die Züge waren ja immer total überfüllt. Wir wollten dann, wenn wir das Bahnhofsgebäude nicht mehr sahen, aus dem Zug springen. Meine Freundin sprang zuerst und rollte sich auf eine Weide. Dann folgte ich ihr. In den Büschen, die am Bahndamm standen, versteckten wir uns und lauschten, ob wir Hundegebell vernehmen konnten. Die Grenzwache führte ihre Hunde immer an einer langen Leine mit. In unserem Versteck warteten wir, bis es dunkel wurde. Dann brachen wir auf.

Ein junger Mann begegnete uns. Wir fragten uns: Ist er unser Freund oder unser Feind? Er versprach, uns den Weg über die Grenze zu zeigen. Wir mussten ihm aber versprechen, kein Wort miteinander zu reden, denn dann hätten wir uns verraten können. Die Nacht war stockdunkel. Am Himmel leuchtete kein Stern, und auch der Mond hatte sich hinter Wolken verzogen. In diesem jungen Burschen sah ich den Engel, den Gott uns zu Hilfe geschickt hatte. Damals war ich noch keine überzeugte Christin, aber in dieser gefahrvollen Situation betete ich um Bewahrung und Rettung und stammelte ein Vaterunser. Ich hatte schon einmal ein Wunder durch das Beten erlebt. Mein Vater war von den Russen gefangen genommen worden und sollte am nächsten Tag erhängt werden. Wahrscheinlich hing das mit seinem Amt als Bürgermeister zusammen. Meine ganze Familie lag auf den Knien und flehte Gott um die Rettung unseres Vaters an. Aus irgendeinem Grund mussten die Sowjets unsere Stadt Hals über Kopf verlassen, und so blieb unser Vater am Leben. Dieses Geschehen von damals beim Einmarsch der Russen war mir so eindrucksvoll geblieben, dass ich auch jetzt Hoffnung hatte. Nicht nur ein Vaterunser brachte ich auf unserem nächtlichen gefahrvollen Weg über die Lippen. So gelangten wir mit Gottes Hilfe unbeschadet in den Westen.

Wir fuhren bis Kassel und wollten von dort zu meinem Vetter nach Frankfurt reisen. Er war amerikanischer Soldat. Von ihm erhoffte ich mir Hilfe. Bei einer deutschen Frau, die für ihn die Wäsche wusch, brachte er mich unter. Aber inzwischen kam ein neues Problem auf mich zu. Ich hatte kein Geld mehr. Mir fehlte auch die Zuzugsgenehmigung in den Westen, und so konnte ich mich auch nicht um eine Arbeitsstelle bemühen. Aber mein Vetter stand mir bei.

In Amerika in Irvington wohnte eine Schwester von mir. Sie lud mich in ihre Gemeinde ein. Gern fuhr ich dorthin. Wo hätte ich auch sonst bleiben können. Die Kosten für den Flug bezahlte mir mein Vetter. In dieser Gemeinde fand zu der Zeit eine Evangelisation statt, die Pastor Schmauß aus Deutschland hielt. Nach Gott hatte ich schon als Kind gefragt. Ich hatte ein Schwesterchen, das nach einer schweren Erkrankung verstorben war. „Jolly ist nun im Himmel", hatte mich meine Mutter getröstet. Mir aber blieb die Frage: Komme ich auch in den Himmel? Ich hatte schreckliche Angst vor Gott. Aber Pastor Schmauß stellte mir die Liebe Gottes vor Augen. Noch nie zuvor hatte ich solch vertrauensvolle Aussagen über Gott gehört. Meine Augen und mein Herz öffneten sich vor meinem Schöpfer. In einem seelsorgerlichen Gespräch mit dem Evangelisten übereignete ich mein Leben Jesus. Er wurde mein Heiland und Herr. Pastor Schmauß betete mit mir das Absagegebet an mein altes Leben. Es trägt folgende Überschrift:

Gebet eines Menschen, der von nun an im Glauben an Jesus Christus leben will.
Herr, ich habe deinen Ruf gehört
und danke dir, dass du mich nicht vergessen hast,
obwohl ich dich oft vergaß.
Ich hatte mich von dir abgewandt
und ging meine eigenen Wege,
du aber hast mich nicht aufgegeben.
Ich bekenne dir die Schuld meines Lebens
und die ungezählten Fehler meiner Tage.
Ich bitte dich, Herr, vergib mir meine Sünde
und nimm mich als dein Eigentum an.
Ich danke dir, Herr, für dein Sterben am Kreuz
und für die Freiheit von Schuld, Angst und Hoffnungslosigkeit.
Im Vertrauen darauf, dass du „Ja" zu mir gesagt hast,
antworte ich nun mit meinem „Ja" zu dir.
Ich will dein Eigentum sein und bleiben.
Gib mir die Kraft, mich stets an dich zu halten
und nicht zu verzagen, wenn ich in Krisen komme.
Zeige mir meinen Platz in deiner Gemeinde
und meinen Ort in deiner geliebten Welt.
Zeige mir meine Gaben und Fähigkeiten,
damit ich sie einsetzen kann, wo du mich brauchst,
und wo Menschen auf meine Hilfe warten.
Mache mir dein Wort lieb und gib mir Mut,
meinen Dank, meine Not und meine Bitten
im Gebet vor dich zu bringen.
Herr Jesus Christus, verwandle mein Leben,

dass es für dich zur Freude
und den Menschen zur Hilfe wird.
Amen.

So wurde ich Christ und war endlich frei von allen Gebundenheiten. Meine Schuld war mir vergeben. Jesus wurde nun mein bester Freund. Täglich las ich in der Bibel und lernte auch frei zu beten. Ich fand liebenswerte, hilfreiche Freunde in der Gemeinde.

Aber mit meiner Hinwendung zu Christus wurde mir auch bewusst, dass ich meinem Herrn dienen sollte. Ich lernte Diakonissen kennen, und sie wurden mir zum Vorbild. So wuchs in mir der Wunsch, auch Schwester zu werden, aber zugleich beschlich mich die Angst, dass ich wieder in Zwänge hinein geraten könnte. Dramatische Erfahrungen in meiner Kindheit machten mich besorgt, weil ich vier Mal in einem Gefangenenlager gewesen war. Sollte ich meine eben erst gewonnene Freiheit wieder verlieren und in ein neues Gefängnis eingesperrt werden, wenn ich in ein Diakonissenhaus ging? Noch war mir der Blick für die völlige Hingabe an Jesus verborgen. Im Laufe meines Lebens war ich durch schwere Führungen ängstlich geworden und wollte mich nicht wieder in neue Gebundenheiten hinein begeben. Aber dann öffnete mir der Herr selbst die Augen und machte mir deutlich, welch wunderbare Führung es bedeutet, in der Nachfolge Jesu zu stehen und ihm meinen Dank für seine große Liebestat abzustatten. Er opferte am Kreuz sein

Leben für mich, nahm mir meine Schuld ab, wurde mein täglicher Freund und Begleiter, und ich sollte diesem herrlichen Erlöser nicht mein kleines Leben zur Verfügung stellen? Wie gering ist mein Opfer gegenüber dem, was der Gottessohn für mich dargebracht hat? Ich wurde zur völligen Hingabe an ihn bereit, kündigte meine Stellung im Beruf und machte mich auf den Weg nach Liberty Corner in der Nähe von New York, wo ich in die diakonische Schwesternschaft aufgenommen wurde. Heute sind es genau 60 Jahre her, dass ich diesen Entschluss fasste, und ich habe diesen Schritt noch nie bereut.

Saher – mein palästinensischer Freund

Nach achtstündigem Flug bin ich von meiner Reise nach Amerika wieder heimgekehrt. Es waren ereignisreiche Tag, die mein Mann und ich in Liberty Corner erlebt hatten. In einem Diakonissenhaus waren wir eingekehrt, um bei einer deutschen Rüstzeit das biblische Wort zu verkünden.

Aber nun waren wir wieder zu Hause, und ich war dankbar, dass wir wohlbehütet angelangt waren. Auf meinem Schreibtisch fand ich die Ansichtskarte eines Flughafens vor. Dort las ich auf der Vorderseite: „Viel Glück und alles Gute auf dem weiteren Weg. Nur wer den Standpunkt wechselt, kann den Horizont erweitern."

Besonders berührten mich aber Sahers Worte:

Hallo, meine liebe Mutter und mein lieber Vater!
Vielen Dank für Ihre Gastfreundschaft. Ich habe mich bei Ihnen sehr wohl gefühlt, als ob ich in meiner Familie gewohnt hätte.
Ich wünsche Ihnen alles Gute, beste Gesundheit und Liebe.
Gott beschütze Sie!
Ihr Saher.

Ich lernte diesen Medizinstudenten durch einen Anruf aus Mainz kennen. In Marburg werden in einem Institut Kurse angeboten, die die Medienstudenten auf das Physikum vorbereiten sollen. Dringend suchte er für diese sechs Wochen ein möbliertes Zimmer. Die Sekretärin vom Büro „medi learn" hatte ihm unsere Anschrift gegeben, weil wir schon mehrmals Studenten bei uns aufgenommen hatten. Eigentlich hatte ich keine freie Studentenbude mehr. Aber da ich diesem jungen Mann aus Palästina helfen wollte, bot ich ihm für diese Zeit mein Arbeitszimmer an und zog selbst mit meinem Computer in unser Wohnzimmer um. Bad und Küche teilten wir uns. Saher war beglückt über seine neue Bleibe und bedankte sich für die Aufnahme.

„Bei Ihnen ist es so gemütlich", sagte er mir mehrmals und packte seine Koffer aus. Wir erlebten eine interessante und wunderbare Zeit mit diesem jungen Mann. An manchen Abenden saßen wir bei Plätzchen und Tee zusammen und er erzählte uns viel Neues aus seinem oft so bedrohten Land. Ich war sehr wissbegierig. Bethlehem war seine Geburtsstadt und er verstand es, mir diese historische Stätte vor Augen zu malen. „Frau Bormuth, Sie müssen in meine Heimat kommen und mich besuchen. Unser Haus ist groß und wir haben immer viele Gäste." Er war etwas verwundert, dass mein Mann und ich noch nie in Israel waren.

Nun hatte er seinen Kurs in Marburg erfolgreich abgeschlossen und war wieder an seinen Studienort nach Mainz gefahren. Zwei Tage später rief er uns noch einmal an: „Frau Bormuth, am 21. und 22. August findet das Physikum statt. Ich hoffe sehr, dass ich die Prüfung bestehe. Auf alle Fälle rufe ich Sie danach an. Wir müssen in Verbindung bleiben."

Ich ermutigte ihn noch: „Saher, wenn Sie in diesen zwei Monaten, die Ihnen noch bis dahin bleiben, tüchtig lernen, werden Sie erfolgreich sein. Ich habe mir Ihren Examenstermin in meinem Kalender schon vermerkt und werde für Sie beten. Bei meinen fünf Kindern habe ich das auch so gehalten und für sie die Hände gefaltet. Tun Sie das auch. Gott will unsere Gebete erhören. Sie sind mir ja auch wie ein Sohn. Der Herr segne Sie."

Saher machte sein Versprechen wahr und meldete sich noch einmal bei uns. Er hatte das Physikum bestanden und teilte mir mit: „Sie müssen einen wunderbaren Gott haben, der auch mir geholfen hat. Ich habe nun angefangen, das Neue Testament zu lesen, das Sie mir auf mein Bett mit der Schokolade gelegt haben. Es tut mir gut, mehr über Ihren Gott zu erfahren. Nochmals vielen Dank. Sagen Sie Ihrem Gott auch vielen Dank!"

Thomas von Aquin

Biografien gehören zu meiner Lieblingslektüre. Das Leben von bedeutenden Menschen interessiert mich, egal ob sie Tänzer, Forscher, Ärzte, Entdecker, Millionäre, Obdachlose oder Politiker sind. Ihr Wirken und ihr Dasein wecken meine Wissbegierde. In meinen Regalen im Arbeitszimmer nehmen ihre Lebensbeschreibungen den größten Platz ein. Zu meinen Lieblingsschriftstellern gehört der Schweizer Historiker Walter Nigg. Es ist mir ein Genuss, seine Werke, die mich besonders in den Reichtum der Geschichte einführen, zu lesen. Wie viele berühmte, aber auch vergessene Schriftsteller, Maler, Philosophen, Ketzer und Heilige hat er mir vor Augen gemalt. Eben las ich sein Buch „Heilige und Dichter". Dabei hat mich das Leben von Thomas von Aquin besonders fasziniert. Ich habe mich gefragt: Wer ist eigentlich ein Heiliger? Ich meinte, es zu wissen, aber erst nach dieser Lektüre wurde mir bewusst, wodurch manche Menschen zu „Heiligen" werden. In Domen und Kirchen sind mir in Bildern und Skulpturen Heilige vor mein Inneres gestellt worden. Ich kenne so manche Legende und Erzählung über Heilige. Auch im Religionsunterricht wurde das Leben von einigen behandelt. Aber bin ich dadurch wirklich Heiligen begegnet? Das Buch von Walter Nigg hat mir die Augen geöffnet. Mir wurde bewusst, wie wenig ich über solche Menschen wusste und welchen Täuschungen ich schon erlegen war. Was hat sich alles an Tragödien in ihrem Leben abgespielt, und welche Erschütterungen mussten sie ertragen. Sie gerieten in manche Versuchungen, und allein die Gnade Gottes bewahrte sie vor ihrem Untergang. Manchmal wollte ihnen darüber Hören und Sehen vergehen, wenn die Stürme über sie hereinbrachen. So fragt Walter Nigg: „Ein Heiliger, wisst ihr, was das ist?" Und er kommt zu der Erkenntnis: „Nun, wir wissen es nicht, weil unsere Maßstäbe nicht im entferntesten dafür ausreichen, ihre Tiefen und Höhen zu ergründen." Thomas von Aquin ist uns dafür ein treffendes Beispiel. Er galt in der Welt der Theologie als der große Lehrer der Kirche, dessen Aussagen unumstößlich waren. Aber dann geriet diese hochlöbliche Gestalt in Vergessenheit; denn eine neue Generation von Theologen war herangewachsen. Ab und zu wurde noch sein Name genannt, aber seine Lehre blieb im Verborgenen. Aber hat uns dies nicht sehr geschadet? Sind wir dadurch nicht bettelarm geworden? Gewiss, die katholische Kirche hat ihn heilig gesprochen, aber für viele Gläubige bleibt er uninteressant. Wahrscheinlich darum, weil sein Leben nicht so stürmisch und spannungsgeladen war.

Wer war Thomas von Aquin? Das wollte ich wissen. Sein Leben hatte nichts zu verbergen, was anstößig gewesen wäre. In ihm begegnet uns ein Mensch, der sich nicht vor anderen verstecken müsste. „Er war eine durch und durch reine Gestalt." So drückt es Walter Nigg aus.

Thomas von Aquin wurde 1225 auf der Burg Roccasessa im Königreich Neapel geboren. Mütterlicherseits floss normannisches Blut in seinen Adern. Auch wenn er aus niederem Adel stammte, war seine aristokratische, vornehme Haltung nicht zu übersehen. Er war sich bewusst, „dass wahrer Adel nur der Adel der Seele ist". So jedenfalls hat er es selbst gesagt. Diese Sicht bewahrte ihn auch davor, verletzt zu sein, weil er nicht zu einem höheren Stand gehörte. Über die Zeit seiner Jugend ist uns nicht viel bekannt. Nur so viel ist bemerkenswert, dass er mit fünf Jahren nach Monte Cassino zur Ausbildung gebracht wurde. Sein ehrgeiziger Vater entwickelte hohe Ziele für ihn. So sollte sein Sohn Benediktiner werden. In seiner Vorstellung sah er seinen Jungen schon als Abt. Das hohe Amt seines Sohnes hätte auch ihm Glanz und Würde verliehen.

Die Frage nach dem Ewigen muss das Kind schon seit frühen Tagen beschäftigt haben; denn diese eine Frage ist uns überliefert: „Wer ist Gott?" Dem jungen Thomas haben die Benediktiner von Monte Cassino nicht das Geheimnis gelüftet. Das soll nicht heißen, dass sie Gott nicht kannten. Sie glaubten von ganzem Herzen an ihn, aber sie waren nicht in der Lage, dem Kind die rechte Antwort zu geben. So wurde der Satz „Wer ist Gott?" zur Frage seines Lebens. Was er später in seinen Schriften, die „Summen" genannt wurden, niederschrieb, behandelt im Grunde diese zentrale Frage. Sie hat ihn innerlich nicht mehr zur Ruhe kommen lassen und brannte wie ein Feuer in seinem Herzen. Nichts wäre in unserer heutigen Zeit dringlicher für unser junges Volk, als dass diese Frage wieder wach würde.

Thomas von Aquin begann mit 19 Jahren sein Studium in Neapel. Diese Universität war von Friedrich II. gegründet worden. Schon damals regte sich in Thomas der Wunsch, in den Dominikanerorden einzutreten. Dessen Gelübde zogen ihn an. Gewiss, dieser Bettelorden war den Bürgern nicht so willkommen, aber der Gedanke der Armut bewegte Thomas zutiefst. Christus war ja auch in äußerster Armut predigend durch das Land Palästina gezogen. So legte er die Kutte der Dominikaner an und setzte sich dadurch dem Ärger seiner Familie aus. Ihr Stolz war dadurch verletzt. Man hielt nämlich den Bettelorden für Wahnsinn. Diese Mönche wurden verspottet und verlacht, und somit kam es zum Bruch mit seiner Familie. Mit diesem Entschluss setzte er ein erstes Zeichen für sein außergewöhnliches Leben, doch seine Familie wollte diese Entscheidung nicht einfach stillschweigend hinnehmen. Seine Schwester Maritta war die Erste, die ihm klar machte, dass ein Bettler für die Familie nicht tragbar sei. Sie redete sehr ernst mit ihrem Bruder, aber sie konnte ihn nicht umstimmen. Dann wehrte sich die Mutter gegen das Ansinnen ihres Sohnes und schrieb einen Brief an seine Brüder, sie möchten ihn doch von diesem verderblichen Weg abbringen. Thomas von Aquin sah keinen anderen Ausweg, als seine Heimat zu verlassen. Aber zwei seiner Brüder machten seinen Entschluss zunichte. Sie nahmen ihn gefangen, verschleppten ihn auf eine Burg und sperrten ihn in ein Verließ. Durch diese Festnahme sollten ihm die verrückten Ideen ausgetrieben werden. Thomas aber hielt an seiner einmal gefassten Meinung fest und ertrug diese Schmach. Er wollte weiter dem Bettelorden der Mönche angehören. Darüber waren die Brüder erbost und griffen zu einem anderen Mittel. Ein hübsches Mädchen in aufreizender Kleidung sollte ihn durch ihren Flirt, ihre Liebesschwüre und Zärtlichkeiten in Versuchung führen. Natürlich erregten diese Verführungsattacken den jungen Mönch, aber er blieb standhaft. Der Stachel der Fleischeslust konnte ihn nicht von seinem göttlichen Entschluss, Bettelmönch zu werden, abbringen. Er stieß die aufreizende Dame zurück und ließ sich nicht von ihr umarmen. Von seinem Gemüt her war Thomas ein ausgeglichener, ruhiger Mensch, aber in dieser Situation wurde er von Wut gepackt. Das Handeln seiner treulosen Brüder ärgerte ihn maßlos. Er empfand diese Tat schändlicher als seine Gefangennahme. In seinem Zorn ergriff er ein brennendes Holzscheit und stürmte auf die Prostituierte los. Die junge Frau war entsetzt. So war sie noch nie von einem Liebhaber empfangen worden. Mit schnellen Schritten verließ die Dirne fluchtartig den Raum und schlug die Tür krachend hinter sich zu. Danach brannte Thomas von Aquin mit seinem glühenden Holzscheit ein schwarzes Kreuz in die Tür und warf das brennende Holz wieder in den Kamin zurück. Dann fiel er zu Boden und blieb lange still liegen. Dieser junge Mönch war kein gefühlloser Mensch, sondern musste genauso wie wir gegen die Versuchungen ankämpfen. Ihm wurde mit aller Macht bewusst: Ohne Auflehnung gegen die Sünde kann kein Heiliger an sein Ziel gelangen.

Danach empfing er eine Vision. Er hatte den Eindruck, dass ihm zwei Engel erschienen und mit ihm sprachen: „Siehe, von Gott her gürten wir dich, wie du erbeten hast, mit dem Gürtel der Keuschheit, der durch keinen weiteren Kampf gelöst werden kann."

Über dieser Vision wachte er mit einem lauten Schrei auf. Ein Schmerz durchfuhr seinen Körper. Er hatte seine stärkste Versuchung sieghaft überstanden und blieb fortan von solchen Anfechtungen verschont. Fast zwei Jahre musste er diese Gefangenschaft ertragen, aber nichts konnte seinen eisernen Willen durchbrechen, Gott von ganzem Herzen als Mönch in einem Bettelorden zu dienen. Schließlich war seine Schwester bereit, ihn aus den Gefängnismauern zu befreien. Sie warf ihm einen dicken Strick zu, mit dem er sich in die Freiheit abseilen konnte. Durch ein Fenster ließ er sich auf die Erde gleiten. Er schaffte es, aus Italien zu entkommen, und begann nun im Ausland mit seinem dominikanischen Noviziat. Auf dem Weg zum Studium nach Paris erlebte er ein grauenvolles Gewitter. Selbst erfahrene Seeleute wurden von der Angst befallen, nicht mehr heil aus diesem Unwetter herauszukommen. Thomas von Aquin blieb unerschrocken und in Gott geborgen. So wurde er für all die anderen Menschen auf dem Schiff ein Zeugnis für seinen Herrn und ein echtes Vorbild.

In Paris wurde Albertus Magnus sein Lehrer, mit dem er dann kurze Zeit später nach Deutschland übersiedelte. Im Jahre 1250 empfing er durch den Erzbischof Konrad von Hochstaden die Priesterweihe. In dieser Zeit begann auch die Grundsteinlegung für den Kölner Dom.

Thomas von Aquin war ein hochgewachsener und kräftiger Mensch, obwohl den Mönchen meist nur karge Kost vorgesetzt wurde. Seine mannhafte Gestalt mag wohl mit seiner sitzenden Tätigkeit zu erklären sein. So gaben ihm seine Mitstudenten den Spitznamen „der stumme Ochse von Sizilien." Ihn hat diese etwas frivole Bezeichnung nicht aufgeregt. Bis heute ist es ja üblich, seinen Mitschülern Spitznamen zu geben. Thomas war ein recht stiller Mensch, er sprach nur das Wesentliche und war schon als Knabe ein schweigsames Kind. Als junger Mensch waren ihm geschwätzige Leute zuwider, und im Älterwerden wurde er noch stiller. Dass er so in sich gekehrt war, bedeutete aber nicht, dass er ein wortkarges, mürrisches Wesen hatte. Da er wusste, wie schnell man seine Zunge nicht in Zaum halten kann, bemühte er sich um dieses wundersame Schweigen. Im Schweigen vernimmt der Mensch die göttliche Stimme, und nur im Schweigen kann er zur inneren Gelassenheit gelangen. Dieses wortlose Nachdenken verbreitete um den Heiligen eine wohltuende Stille, die man zu spüren bekommt, wenn man in die Nähe eines solchen Menschen kommt. So wurde die Meditation zum Segen seiner Mitmenschen. Durch Schwatzhaftigkeit lässt sich kein einziges Problem lösen.

Seine Kommilitonen konnten ihn in seiner Nachdenklichkeit oft nicht verstehen. Aus seiner Studentenzeit ist uns eine Szene bekannt, bei der in einem Hörsaal eine heftige Diskussion entstand. Thomas von Aquin meldete sich auch zu Wort und vertrat in einer recht bescheidenen Art seine Ansicht. Die Studenten waren betroffen, als der Dozent Albertus sie ansah, auf Thomas zeigte und ausrief: „Wir heißen ihn einen stummen Ochsen, aber er wird mit seiner Lehre ein solches Brüllen von sich geben, dass es noch in der ganzen Welt ertönt." Das war ein prophetisches Wort, das sich später erfüllte. Vielleicht sollte man hier noch anmerken, dass er in seinen Reden nie laut brüllte. Das erlaubte ihm seine vornehme Art nicht. Aber seine Stimme wurde nicht nur zu seinen Lebzeiten gehört, sondern sie durchdringt mit ihrer Wahrhaftigkeit auch unsere Zeit.

Nach vier Jahren Studium kehrte Thomas nach Paris zurück, diesmal aber als Dozent. Er musste regelrecht kämpfen, dass auch Bettelmönchen ein Lehrstuhl gewährt wurde. In seiner Lehrtätigkeit war er sehr erfolgreich. Er war aber nicht vom Ehrgeiz getrieben, wollte auch keine Schlagzeilen vom Stapel lassen, ihm ging es vielmehr um die Macht des Gebetes und der Meditation. In diesem Bestreben ließ er sich nicht durch Zerstreuung und andere Vergnügen ablenken. Konzentriert blieb er bei seinen Aufgaben. Einmal war er dermaßen in sein Nachdenken versunken, dass er gar nicht merkte, wie die Kerze in seiner Hand niederbrannte und sie anzusengen drohte. Innerlich war er so auf Gott ausgerichtet, dass er ihn anflehte, ihm den Geist der Wahrheit zu schenken.

Jedesmal faltete er seine Hände zum Gebet, wenn er sich zur Arbeit an seinen Schreibtisch setzte. Seine Beziehung zu Gott war echt, aber auch zu seinen Mitmenschen entwickelte er eine herzliche Nächstenliebe. So wurden sein Denken und Handeln zu einem Gottesdienst. Über seinem Leben lag eine göttliche Weihe, und sein Denken kreiste um die Welt als Gottes Schöpfung. Diese Sicht half ihm, dem zur damaligen Zeit weit verbreiteten Skeptizismus kräftig entgegenzutreten. Ihm ging es allein um die Erkenntnis der Wahrheit und um die Liebe zu Gott. Vor ihm warf er sich nieder und betete ihn an. Ihm war die Lehre von der Weisheit Gottes wichtig. So lautete ein Ausspruch von ihm: „Weisheit ist ein Geschenk und kann nicht bloß auf rationalem Weg erworben werden." Scharfsinnig war sein Denken, aber gebetet hat er wie ein Kind. Ironie, Spott oder Geringschätzung lagen ihm fern. Bescheidenheit und Demut gehörten zu seiner

Wesensart. Einmal betete er: „Ich danke dir, Gott, dass ich über meiner Wissenschaft, meiner Lehrkanzel oder irgendeiner scholastischen Veranstaltung niemals eine Regung eitler Ruhmsucht verspürte."

Besitz und Macht spielten bei ihm auch keine große Rolle. Einmal wurde er gefragt, ob er Herr über Paris sein wolle. Ganz gelassen antwortete er: „Lieber möchte ich die Predigten des Johannes Chrysostomus über das Evangelium des Matthäus haben." Ihm bedeuteten die göttlichen Werte mehr als Geld, Macht und Ehre.

Im Auftrag seines Herrn Christus war er auch viel unterwegs, um in Italien, Frankreich und Deutschland die Botschaft des Evangeliums zu verkündigen. Das waren früher immer sehr beschwerliche Reisen, meist zu Fuß oder auf dem Rücken eines Pferdes. Ihm war es wichtig, dass ein Christ immer dem Befehl Gottes gehorsam sein muss, ohne sich gegen ihn aufzulehnen. Den eigenen Willen ordnete er dem Willen seines Gottes unter. Nie wollte er sich selbst leben, sondern wusste sich zur Nachfolge des Höchsten berufen.

Ihm wurden herrliche Gottesoffenbarungen zuteil, so dass er einmal ausrief: „Alles, was ich geschrieben habe, scheint mir Stroh zu sein im Vergleich zu dem, was ich gesehen und was mir geoffenbart wurde." Es ist uns nicht bekannt, welch eine Vision ihn zu dieser Erkenntnis führte. Dieses Geheimnis hütete er streng, aber es muss etwas Großartiges gewesen sein, das alle menschliche Vorstellungskraft überstieg. Walter Nigg schreibt: „Angesichts des Glanzes der geschauten Herrlichkeit war sein Werk nichts, strohern seine Gedanken, die später die Kirche als exemplarische Lehre ihren Gläubigen vor Augen gestellt hat und auf Grund deren er zum gefeierten Kirchenlehrer geworden ist." Nach diesem göttlichen Erleben verfiel er in Schweigen. Er hat nie mehr die Feder in die Hand genommen.

Auf dem Weg ins Konzil überfiel ihn eine schwere Erkrankung. Er fühlte sein nahes Ende und suchte das Zisterzienserkloster Fossa Nova auf. Er betete zu Christus: „Aus Liebe zu dir habe ich studiert, gewacht und mich gemüht. Dich habe ich gepredigt und gelehrt." Wieder war es eine Vision, in der Christus ihm bezeugte: „Du hast gut von mir geschrieben." Die Krankheit schritt schnell voran. Der Beichtvater reichte ihm die Sterbesakramente und konnte nur staunend sagen: „Es war die Beichte eines fünfjährigen Kindes." Mit einem kindlichen Gemüt verließ er diese Erde und ging in Gottes neue Welt ein. Thomas von Aquin war erst 49 Jahre alt, als sich für ihn die Tore zur Ewigkeit öffneten. In der Kirche von Toulouse liegt seine Grabstätte. Mit einem Hymnus ehrte er seinen Gott:

> Ich bete dich in Demut, verborgene Gottheit, an,
> die sich in dieses Zeichen so wahrhaft hüllen kann.
> Mein Herz hab ich gegeben ganz deinem Walten hin,
> weil voll dich zu erfassen ich allzu kraftlos bin.

Unter dem weiten Bogen

Noch immer bin ich stark von dem Buch bewegt, das ich gerade gelesen habe. Pfarrer Sven Findeisen hat es geschrieben und ihm den Titel gegeben „Unter dem weiten Bogen." Ich habe mir angewöhnt, meine Lektüre vom Ende her zu lesen. Das sollte ich nicht tun. Aber die Geschichte vom Heimgang seiner lieben Frau hat mich im Innersten berührt.

Sven Findeisen befand sich auf einer Dienstreise im Osten, als er gebeten wurde, seine Frau anzurufen. Er ahnte schon nichts Gutes, als er den Hörer in die Hand nahm. Mit schlimmen Bauchschmerzen war seine Gattin beim Arzt gewesen, und ihre Vermutung würde sich wohl bestätigen. Die Diagnose lautete: akuter Krebsverdacht. Es war Gottes wunderbare Führung, dass er auf der Heimreise Uwe Holmer im Abteil antraf. Er kannte diesen Pfarrer, der nach der Wende Erich und Margot Honecker in seinem Hause aufgenommen hatte. Ohne zu ahnen, in welcher Bedrängnis sein Pfarrbruder war, erzählte Holmer von seiner Frau, die schwer erkrankt im Sterben lag.

Nun befand sich Sven Findeisen in einer ähnlichen Lage. Als er zu Hause ankam, öffnete ihm seine Frau die Haustür. Beide Eheleute lagen sich in den Armen und weinten. Worte der Begrüßung waren hier fehl am Platz; denn es wurde ihnen bewusst: Jetzt geht es auf das Ende zu. Der Tod ist ein schrecklicher Feind des Menschen. Wüssten wir als Christen nicht um die Auferstehung, die Jesus uns durch sein Sterben am Kreuz geschaffen hat, dann müssten wir verzweifeln. Das Gespräch mit Holmer erwies sich in der folgenden Zeit als Kraftquelle. Viereinhalb Jahre heftigster Anfechtungen lagen nun vor dem Ehepaar Findeisen. Beide waren es gewohnt, abends immer noch einen Spaziergang durch ihre Wohnsiedlung zu unternehmen, aber die Wege wurden mit der Zeit immer kürzer. Was ihnen in diesen bedrohlichen Jahren und Monaten half, das waren die tägliche Bibellese und die Choräle. Aus dem Wort der Heiligen Schrift und den geistlichen Liedern floss ihnen in ungeahnter Weise Kraft zu. Oft kamen auch die Kinder, um bei der anstehenden Pflege der Mutter zu helfen. Diese Pastorenfrau war eine Kämpfernatur, aber nun wollte Gott sie in seine Herrlichkeit heimholen. Ihr war Höheres bestimmt.

Aus Kiel fragte ein Studentenkreis an, ob sie alle noch einmal zum Semesterabend zu ihnen nach Hause an den Kamin kommen könnten. Mit einem herrlichen Rosenstrauß erfreuten sie die Schwerkranke. Der Blumenschmuck steht noch heute als Trockenstrauß im Wohnzimmer.

An einem Tag bot sich der älteste Sohn Arne an, im Kreis der Familie ein Abendmahl zu feiern. Er schlug das Lied vor:

Such, wer da will, ein ander Ziel,
die Seligkeit zu finden.
Mein Herz allein bedacht soll sein,
auf Christus sich zu gründen;
sein Wort ist wahr,
sein Werk sind klar,
sein heilger Mund
hat Kraft und Grund,
all Feind zu überwinden.

Anschließend saß die Familie vereint zusammen und besprach die Einzelheiten der Beerdigung. Das sind bewegende Augenblicke. Dann aber kam die letzte Nacht für die Krebskranke. Plötzlich drehte sie sich zur Seite. Ein Sohn, der an ihrem Bett Wache hielt, weckte die anderen: „Mutti stirbt!" „Ja", sagte Pastor Findeisen und schaute seiner Frau ins Gesicht, „Mutti ist unterwegs." Es sind schmerzvolle Worte, die einem Ehemann und Vater nur schwer über die Lippen kommen wollen. Gott hatte sie nun in seine neue Welt heimgeholt, und ihre Lieben blieben verwaist zurück. Die Kinder und der Vater saßen noch bis zum Morgengrauen an ihrem Totenbett. Dann holten sie ein Laken und deckten den Leichnam zu. „Vater, hast du noch ein Wort für uns?", brach es aus dem Herzen eines Sohnes hervor. „Dank, Dank, nichts als unfasslicher Dank!" Damit verabschiedete sich der Ehemann von seiner Frau und der Mutter seiner vier Kinder.

Mich hat der Heimgang von Ruth Findeisen stark

bewegt. Auch das gemeinsame Abendmahl in der Familie war mir bedeutungsvoll. Es klagte mich aber auch an. Ich hatte meine liebe Mutter fast zwei Jahre in unserem Hause gepflegt. Sie war fast blind und hatte durch einen Schlaganfall eine schwere Lähmung zurückbehalten. Die Pflege wurde gegen Ende ihres Lebens immer Kräfte raubender. Ich ahnte schon, dass Mutter uns nun bald verlassen würde. Öfter verweigerte sie das Essen. Da plante auch ich eine Abendmahlsfeier. Ich wollte alle meine Geschwister mit ihren Familien zu uns einladen, und einer ihrer Enkel, der selbst Pfarrer ist, sollte das Brot und den Wein austeilen. Passende Lieder hatte ich schon in meinem Gedächtnis festgehalten. Als ich meinen Vorschlag unterbreitete, wehrte ein Familienmitglied vehement ab. „Lotte, das kannst du nicht machen. Dann denkt Mutter, sie müsste jetzt sterben. Ein Abendmahl kommt nicht in Frage! Das würde nur ihren Tod beschleunigen." Dabei ahnte Mutter ja schon längst, dass ihre Tage gezählt waren. Mit mir hatte sie alle wichtigen Angelegenheiten besprochen. Mein Mann sollte die Ansprache zur Trauerfeier halten und ihre beiden Enkel, die Pfarrer sind, die Liturgie und die Worte am Grab übernehmen. Für ihre Beerdigung wollte sie ein weißes Kleid anziehen, das ich schon für sie bereit hielt. Auch wie die Feier in einer Gaststätte gestaltet sein sollte, hatte sie mir mitgeteilt.

Mir tat die negative Einstellung eines Familienmitgliedes leid, und ich ließ mich davon einschüchtern.

So unterblieb die Abendmahlsfeier. Streit in der Familie wollte ich nicht heraufbeschwören.

Heute plagt mich mein Gewissen, wenn ich höre, wie andere Christen sich mit einem Abendmahl von ihren Angehörigen verabschieden. Wie wunderbar kommt gerade in diesem Mahl der Sieg Christi zum Tragen. Er hat dem Tode die Macht genommen und Leben und ein unvergängliches Wesen ans Licht gebracht durch das Evangelium. So ist es uns möglich, uns auch unter Tränen auf Gottes Herrlichkeit zu freuen.

Ich aber will Jesus, meinen Herrn, um Vergebung bitten, dass ich dem Sterben meiner Mutter nicht die größte und tiefste Freude im Heiligen Mahl gegeben habe. Dies äußerte ich einmal bei einer Seelsorgerin in einem Beichtgespräch. Sie sagte nur einen Satz, der mich zutiefst tröstete: „Gott wird Ihrer Mutter einen gnädigen Übergang in seine neue Welt geschenkt haben." Wie wohl haben mir diese Worte getan.

Eine wunderbare Begegnung

Mein Leben ist reich an schönen Begegnungen. Dabei vernehme ich viel fröhliches, aber auch manch ernstes Geschehen. Eben komme ich vom Erzgebirge nach Hause und bin noch immer recht bewegt davon, was mir der Pfarrer eines Ortes nahe der tschechischen Grenze erzählte. In seinem Hause wurde ich öfter als Gast aufgenommen und immer bestens versorgt. Er ist ein talentierter Mensch und verfügt nicht nur über eine praktische und vollmächtige Gabe der Predigt, sondern vermag auch jedes Jahr wunderschöne Kalender herzustellen. Dabei verwendet er wertvolle und eindrückliche Fotos, die er selbst geschossen hat. So enthält der Monat August ein herrliches Bild von seinen beiden Enkelkindern, die erst vor elf Monaten als Zwillinge geboren wurden. Klara Concetta und Maria Doro heißen die Babys. Ich beglückwünschte den Pfarrer für diese große Gottesgabe. „Ja", erzählte er mir, „wir sind auch sehr dankbar für unsere Enkel. Die beiden sind die Jüngsten in unserer Familie, und wir haben uns auf ihr Kommen sehr gefreut.

Aber ihre Geburt war dramatisch. Mit einem Kaiserschnitt erblickten die Zwillinge das Licht der Welt, da sie nicht, wie es hätte sein sollen, ordentlich im Mutterleib lagen. Sie behinderten sich gegenseitig. Zunächst war unsere Freude groß, aber dann erreichte uns abends ein Anruf aus dem Krankenhaus. Unser Schwiegersohn war am Apparat. ‚Vater, Judith geht es sehr schlecht. Nur wenige Stunden nach der Geburt wurde sie immer elender. Sie sah blass aus und litt große Not. Ein Glück, dass ich an ihrem Bett saß und sofort den Arzt holen konnte. Er ordnete eilig eine zweite Operation an und sagte mir, es stünde ernst um meine Frau. Er wisse nicht, ob sie diesen Eingriff überstehen könnte.' Der Schwiegersohn war sehr aufgeregt und legte dann den Hörer auf. Mich packte auch die Angst. Würde Judith überleben? Und wenn sie sterben müsste, was sollte dann mit den vier kleinen Kindern geschehen?

Ich nahm den Schlüssel vom Brett und schloss die Kirchentür auf. Die Nähe meines himmlischen Vaters war das, was ich jetzt dringend brauchte. Vor dem Altar kniete ich lange nieder und suchte Trost in dem Psalmwort: *‚Ich rufe zu Gott und schreie um Hilfe, zu Gott rufe ich, und er erhört mich. In der Zeit meiner Not suche ich den Herrn; meine Hand ist ausgereckt und lässt nicht ab; denn meine Seele will sich nicht trösten lassen. Ich denke an Gott – und bin betrübt. Ich sinne nach – und mein Herz ist in Ängsten. …Ich gedenke der vorigen Zeiten, der vergangenen Jahre. Ich sinne über alle deine Werke, ja, ich denke an deine Taten. Gott, dein Weg ist heilig. Du bist ein Gott, der Wunder tut.'*

Ich klagte meinem Herrn all mein Leid und sagte ihm meine Not. Ich hätte auch nicht gewusst, wo ich sonst Trost und Hilfe hätte finden können. Das

Leben meiner Tochter stand auf Messers Schneide. Was würde der neue Morgen bringen? Im Aufblick zum Gekreuzigten flossen mir Mut und Gewissheit zu: Judiths Leben ruht in Gottes Hand. In seiner Macht steht es, den vier Kindern die Mutter zu erhalten und uns unsere geliebte Tochter. Ein Psalmwort nach dem andern kam mir in den Sinn. Ja, ich schrie zu meinem Gott, er möge ein Wunder tun. Ich weiß nicht, wie lange ich auf meinen Knien lag und meinen Schöpfer um seine Hilfe anflehte. Als ich die Kirche wieder verließ, war es draußen finstere Nacht geworden. An Schlaf war nun nicht zu denken. In meiner Bibel blätterte ich durch verschiedene Seiten und füllte mein Innerstes mit dem Trost und dem göttlichen Zuspruch. Einen Vers aus Psalm 91 nahm ich in mir auf wie ein trockener Schwamm das Wasser:

‚*Denn er hat seinen Engeln befohlen, dass sie dich behüten auf allen deinen Wegen, dass sie dich auf den Händen tragen und du deinen Fuß nicht an einen Stein stoßest.*'" Das alles vertraute mir dieser Pfarrer an.

Später bekam ich die Geburtsanzeige der jungen Familie in die Hände. Fotos zeigten die Zwillinge mit ihren beiden größeren Geschwistern und den Eltern. Das Gotteswort lautete: *„Durch Gottes Gnade aber bin ich, was ich bin."* Darunter las ich: „Manchmal ist es bei uns chaotisch, manchmal laut, manchmal sind wir völlig übermüdet, aber vor allem glücklich. Fassungslos staunend machen wir uns nun zu sechst auf den Weg. Wir sind Gott dankbar für dieses Geschenk, einfach nur dankbar."

So ist es recht, musste ich denken. Ich konnte dieser Anzeige von Herzen zustimmen. Ähnlich hatte ich die Situation erlebt, als unsere fünf Kinder eins nach dem anderen geboren wurden. Bei einem meiner Babys musste ich um sein Leben bangen, und ich kenne viele Tage, wo mir die Tränen nur so über die Wangen liefen. Aber Gott war mir nahe und bewahrte meinen kleinen Sohn vor dem Tod. Heute darf er Pastor einer lebendigen Gemeinde sein und den Menschen das Heil in Jesus verkündigen. Darüber jubelt mein Herz, und ich danke meinem Herrn.

Was geschah vor 13 Jahren?

„Frau Bormuth, ich kenne Sie", sprach mich eine Frau am Büchertisch an.

„Wo sind wir uns denn begegnet?", fragte ich erstaunt.

„Vor einer Reihe von Jahren nahm ich mit meinem Mann an einer Rüsttagung in Reudnitz teil, die Sie hielten. Damals haben Sie mir den Propheten Jeremia nahe gebracht, und ich denke noch gerne an diese Tage zurück. Mein Name ist Johanna Tauchnitz."

„Was, Sie sind Johanna Tauchnitz? Ich kann es nicht fassen. An Sie und Ihren lieben Mann kann ich mich noch genau erinnern. Sie waren in das behindertengerecht gebaute Heim angereist und wollten dort Urlaub machen. Ihr Gatte saß im Rollstuhl. Die Koffer hatten Sie schon in Ihr Zimmer getragen. Aber als Ihr Mann hörte, dass gerade eine Bibelfreizeit stattfand, rief er Ihnen zu: ‚Johanna, schaff das Gepäck wieder ins Auto. Wir reisen sofort ab. Mit der Kirche habe ich nichts am Hut.'

‚Aber nun bleiben Sie doch', versuchte der Hausvater Ihren Mann zu beruhigen. ‚Sie können hier gerne Urlaub machen und brauchen nicht an den Veranstaltungen von Frau Bormuth teilnehmen. Bei uns können Sie sich gut erholen. Mich würde es freuen, wenn Sie unser Gast blieben.'

‚Gut, Johanna, dann lass die Koffer oben stehen. Wir werden bleiben. Aber wir möchten in keiner Weise mit frommen Sprüchen bedrängt werden. Sagen Sie das Frau Bormuth.'

Das war meine erste Begegnung mit Ihnen, denen noch viele herrliche Tage folgten. Das Zusammentreffen mit Ihrem Gatten werde ich nie mehr vergessen. Über Jahre blieb ich mit ihm verbunden. Ich erinnere mich noch genau an unser erstes Gespräch. Es war ein warmer, sonniger Tag. Sie saßen beide auf der Wiese vor dem Haus. Sie umhäkelten Taschentücher, und ihr Mann löste Kreuzworträtsel. Plötzlich fragten Sie ihn: ‚Horst, ich würde gerne schwimmen gehen. Im Kellergeschoss befindet sich ein herrliches Bad. Meinst du, dass dies möglich ist? Kann ich dich hier allein lassen?'

‚Ja, Johanna, du kannst gehen, aber bitte bleib nicht so lange fort.' In der Art, wie Ihr Mann das sagte, merkte ich, dass ihm vor dem Alleinsein etwas bange war. Ich saß nur wenige Meter von Ihnen entfernt im Liegestuhl und las das Buch *Die Brüder Karamasow*. Da ging ich auf Ihren Mann zu und fragte freundlich: ‚Darf ich Ihnen denn beistehen, wenn Sie Hilfe brauchen? Ich bin doch da.'

‚O, das wäre nett. Setzen Sie sich zu mir, und du Johanna kannst gehen. Wenn Frau Bormuth in meiner Nähe ist, dann kannst du dich auch länger im Wasser tummeln.'

‚So', begann ihr Mann das Gespräch, ‚Sie lesen Dostojewski. Das interessiert mich.'

‚Sie müssen wissen, ich schreibe gerade ein Buch über diesen großartigen, russischen Schriftsteller', erzählte ich meinem Gesprächspartner, ‚und in diesen Tagen werde ich auch einen Vortrag über ihn hier im Hause halten.'

‚Bitte, sagen Sie mir, an welchem Tag Sie über Dostojewski sprechen werden. Gerne würde ich daran teilnehmen. Sie müssen nämlich wissen, ich bin aus beruflichen Gründen ein Kenner der russischen Literatur.'

Darüber freute ich mich mächtig. Es folgte dann ein interessanter Austausch über den berühmten russischen Dichter Dostojewski. Die Zeit, die wir miteinander verbrachten, verging wie im Fluge. Den Vortrag legte ich gleich auf den nächsten Morgen, und Ihr Mann saß mit Ihnen unter meinen Zuhörern. Von dieser Stunde an besuchten Sie mit Ihrem Mann jedes Bibelgespräch am Morgen und jeden Vortrag am Abend. Oft unterhielt ich mich mit Ihrem Mann auf der Sonnenterrasse, während Sie zum Schwimmen gingen. Ich erinnere mich an alle seine Worte."

Frau Tauchnitz war überrascht über mein gutes Gedächtnis. Die Unterhaltung mit ihm, einem Atheisten, bewegt mich bis heute. Schon seit der Schulzeit war er ein begeisterter Sportler. In Leichtathletik, Turnen und Schwimmen lagen seine hervorragenden Begabungen. Schließlich sollte er in den Kader der Olympiamannschaft aufgenommen werden. Das spornte seinen Eifer noch mehr an. Aber in dieser

Zeit traf ihn ein heftiger Schicksalsschlag. Als er an einem Nachmittag Weitsprung trainierte, vermochte er keine große Weite zu erzielen.

„Was ist mit dir los, Horst?", fragte ihn sein Trainer und schickte ihn nach Leipzig zur Untersuchung. Die Diagnose war niederschmetternd. Die Ärzte stellten Muskelschwund fest. Von da an musste er alle seine Träume auf eine Goldmedaille begraben. Immer elender wurde er und konnte schon bald überhaupt nicht mehr trainieren. Sein Zustand verschlimmerte sich so rasant, dass er nach wenigen Monaten nicht mehr gehen konnte. Nun war er auf den Rollstuhl angewiesen. Als er seinen Eltern am Telefon mitteilte, dass er schwer erkrankt sei, hatten sie nur diese Antwort für ihn bereit: ‚Horst, such dir beizeiten ein Pflegeheim. Wir können dich bei uns nicht betreuen. Mit einem Krüppel können wir nichts anfangen.' Er war verzweifelt, als ihm dies gesagt wurde. Das hatte er nie und nimmer erwartet. Auch seine Genossen in der Partei ließen ihn wie eine heiße Kartoffel fallen. Früher war er ihr Chef gewesen, reiste durch die Betriebe der DDR und schwor durch seine Vorträge die Belegschaft auf die Lehre von Marx und Lenin ein. Nun aber besuchte ihn keiner mehr, als er im Krankenhaus lag und später im Altenheim betreut wurde. Elend fühlte er sich und wäre in dieser Krankheitszeit fast verzweifelt. Tag für Tag, Monat für Monat, Jahr für Jahr lag er in seinem Pflegebett im zweiten Stock. Keiner brachte ihn mal hinaus an die frische Luft. Dazu wäre ein Aufzug nötig gewesen, aber diesen gab es im Heim nicht. Hätte er die Möglichkeit gehabt, sich das Leben zu nehmen, er hätte sich vor diesem Schritt nicht gescheut. Sein Dasein kam ihm so sinnlos vor. Er war wund gelegen und in Windeln eingepackt.

Doch dieser verheerende Zustand änderte sich, als die Wende in Ostdeutschland kam. Von der örtlichen Diakonie kam öfter eine Mitarbeiterin und besuchte die Alten und Pflegebedürftigen, um die sich sonst niemand kümmerte. Johanna klopfte auch an seine Tür, unterhielt sich mit ihm und gab ihm durch ihre liebevolle Art neuen Mut. Ja, es geschah sogar das Wunder, dass sich die beiden ineinander verliebten. Johanna holte ihn aus dem Altenheim heraus, die beiden heirateten, und in einer behindertengerechten Wohnung betreute sie ihn. Seine Frau sorgte aufs Beste für ihn und einmal im Jahr fuhren sie zusammen in den Urlaub. Mit seinem Rollstuhl konnte er in ihr größeres Auto geschoben werden. Längst waren seine Wunden wieder heil geworden.

Nun waren sie nach Reudnitz in die Ferien gekommen. An den Nachmittagen unterhielt ich mich oft mit diesem Gast. Literatur ist auch meine Welt. Die Gebete der anderen Tagungsteilnehmer trugen sicher mit dazu bei, dass die alte Frage Martin Luthers in ihm aufbrach: „Wie finde ich einen gnädigen Gott?" Schnell ging die Freizeit zu Ende, und am letzten Tag feierten wir Abendmahl. Herr Tauchnitz saß mitten unter uns. „Wer Jesus als seinen Herrn und

Erlöser in sein Leben aufnimmt und ihm nachfolgt, darf Brot und Wein als himmlische Stärkung zu sich nehmen", hatte ich gesagt. So nahm unser Gast die Oblate, den Leib Christi, und trank aus dem Kelch, dem Blut Christi. Tränen rannen ihm dabei über die Wangen. Er war bewegt von der Botschaft Jesu, dass Sünder durch die Gnade Gottes gerecht werden und Vergebung der Schuld erlangen. Ein neues Leben begann für Herrn Tauchnitz. Als alle anderen Teilnehmer den Saal verlassen hatten, setzte ich mich zu ihm. Den Kopf in beide Hände gestützt, rief er aus: „Was ist jetzt mit mir geschehen? Ich sitze hier unter den Christen und feiere mit ihnen Abendmahl, der ich doch nie zuvor einen Fuß über die Schwelle einer Kirche gesetzt habe."

Ich konnte ihm nur antworten: „Jesus hat sich Ihrer angenommen. Sie dürfen bei ihm zum Frieden finden. Er will Ihr Herr sein. Wollen Sie in die ausgestreckte Hand Christi einschlagen?" Mein Gesprächspartner nickte. „Dann wollen wir noch zusammen beten." Satz für Satz sprach ich unserem Gast ein Gebet vor, das er nachsprach. So bestätigte Herr Tauchnitz, dass er mit Christus leben wollte. Fest drückte er mir die Hand, und ich nahm ihn in meine Arme. Als er am anderen Morgen abreisen wollte, bat er noch den Hausvater des Heims: „Bitte, Herr Seifert, reservieren Sie mir auch für die nächste Freizeit mit Frau Bormuth das gleiche Zimmer. Ich komme wieder." So geschah es dann auch.

Über viele Jahre blieb ich mit Herrn Tauchnitz telefonisch in Verbindung. Zwei Freizeitteilnehmer besuchten ihn auch in Flöha im Erzgebirge. Und nun stand seine Frau vor mir, als ich Vorträge in der Nähe dieses Ortes hielt. Natürlich fragte ich sie sofort nach ihrem Mann. „Frau Bormuth, Horst ist von Gott vor zwei Jahren in Gottes neue Welt abberufen worden. Aber nach seiner Hinwendung zu Jesus erlebten wir bis zuletzt eine innige, wunderschöne Zeit. Als er spürte, dass sein Ende nahte, bat er den Pfarrer zu sich, und wir feierten zusammen das Heilige Abendmahl. In großer Ruhe und in innerer Freude auf Gottes Herrlichkeit ist er im Frieden eingeschlafen. Er darf nun Christus schauen, an den er in seinen letzten Lebensjahren geglaubt hat. Wie wunderbar hat uns Gott geführt."

An diesem Abend konnte ich vor innerer Bewegung lange nicht einschlafen. Mir war durch diese Begegnung eine große Freude zuteil geworden.

Liebe macht lebendig

In einem Kinderbuch berichtet ein Autor von einem armen Jungen, der in den Slums einer Millionenstadt aufwächst. Von seinen Eltern wird er geschlagen und misshandelt. Liebe ist diesem kleinen, süßen Kerl fremd. Eines Tages erzählt er einem Kameraden: „Weißt du, ich werde meine Eltern töten, ja, ich werde sie töten."

„Was willst du tun? Du willst deine Eltern töten?", entgegnet ihm entsetzt der andere.

„Ja, ich werde sie töten, aber nicht mit dem Dolch oder mit der Pistole, ich werde sie mit dem Herzen töten, einfach mit dem Herzen töten. Ich werde sie vergessen, langsam für immer vergessen und jede Erinnerung an sie in meiner Seele auslöschen. So kann man mit dem Herzen töten."

Verbitterung und Hass sind todbringende Mächte, Güte und Liebe aber wecken neuen Mut. Sie stärken die Hoffnung, sie machen froh und glücklich, sie geben ein warmes Zuhause und das herrliche Gefühl der Geborgenheit.

Von einigen wenigen Erfahrungen von Liebe will ich nun berichten: Es regnet in Strömen, und ich eile mit meinem Sohn nach Hause. Plötzlich zieht sich der Dreizehnjährige seine Mütze vom Kopf und setzt sie mir auf. „Mutti, damit du nicht nass wirst." Ich hake mich noch fester bei ihm ein und denke: Junge, was bin ich froh, dass ich dich habe.

Mit zwei schweren Koffern und einem großen Rucksack haste ich keuchend den Bahnsteig entlang. Ich muss unbedingt meinen Anschlusszug erreichen. Ein Bahnbeamter sieht mich, kommt mir entgegen, nimmt mir mein Gepäck ab und sagt freundlich: „Die Koffer trage ich Ihnen über die Gleise, Sie aber gehen bitte durch die Unterführung." Für so viel Hilfsbereitschaft und Freundlichkeit bin ich dankbar. Den kleinen, rundlichen Herrn auf dem Heilbronner Bahnhof werde ich nicht so schnell vergessen. Das ist ein Service erster Klasse.

Und noch eine Begebenheit will ich erwähnen. Ich kenne einen psychisch kranken Menschen. Schon seit Jahren lebt er ohne Kontakt zu seiner Familie. „Ach, wissen Sie, wenn man erst mal als geisteskrank verschrien ist, dann will keiner mehr etwas von einem wissen." Seine Einsamkeit und sein Leid machen mich betroffen. Ich versuche, ihm in seiner Traurigkeit ein wenig beizustehen. Nie erreicht ihn ein Anruf. Wenn einmal ein Brief für ihn in den Postkasten fällt, dann ist er meist vom Sozialamt oder von der Rentenversicherung.

Sein fünfzigster Geburtstag steht an, und er wünscht sich nichts sehnlicher, als dass ihm seine Mutter, seine Geschwister und seine Kinder gratulieren. Vor lauter Angst, er könnte an seinem großen Festtag vergessen werden, ist er auf einen Trick verfallen. Seiner Schwester hat er einen kleinen Geldbetrag geschickt, von dem sie ihm ein Portemonnaie, ein Buch und ein paar Taschentücher schicken soll. Die Not dieses schizophrenen Mannes legt sich mir aufs Herz. Ich merke mir das Datum seines Geburtstages, nehme mir viel Zeit und schreibe ihm einen ausführlichen, lieben Brief. Außerdem lege ich ihm noch einen Geldschein in den Umschlag. Er soll wissen, dass wir ihn in unser Herz geschlossen haben. Als ich ihm vierzehn Tage später wieder begegne, zeigt er mir seine Bibel. „Ihr lieber Brief mit der herzlichen Gratulationskarte dient mir als Lesezeichen. Sie haben mir damit eine große Freude bereitet. Noch nie in meinem ganzen Leben habe ich einen solch wertvollen Brief erhalten. Von dem Geld habe ich mir herrliche Lebensmittel gekauft und ein großes Stück Kuchen. Vielen, vielen Dank!" Bei diesen Worten nimmt er mich in den Arm. Ich lasse mir seine Liebe gefallen und bin beschämt. Solch ein kleiner handschriftlicher Gruß, ein herzliches Drandenken an seinen Geburtstag senken einen Strahl der Freude und Hoffnung in sein dunkles Dasein. Ja, es ist wahr: Ich kann mit dem Herzen lebendig machen, was zuvor tot war.

Die tiefste Bedeutung dieses Satzes wird mir bei Christus bewusst. Er liebt, wie kein Mensch lieben kann. Er vergisst mich nie. Jeden Tag erreicht mich sein Gruß aus der Bibel. Er sorgt für mich und behütet mich. Er hat sogar sein Leben für mich eingesetzt, ist am Kreuz gestorben, nur damit ich mit Gott versöhnt werde.

Am Ostermorgen ist er auferstanden und hat mir zugesagt, dass auch ich nicht im Tode bleibe, sondern auferweckt werde. Jesus Christus ist die Garantie, wie Liebe lebendig macht.

Einen anderen Menschen liebhaben, das kann das Schwerste sein, was uns aufgegeben ist, das Äußerste, die letzte Probe und Prüfung, die Arbeit, für die alle andere Arbeit nur Vorbereitung ist.

Liebe macht schön und tut wohl

Immer wieder werde ich an meine Großmutter erinnert, und der Gedanke an sie macht mich froh. Ich kenne sie nur als eine alte Frau. Zwölf Kinder hat sie zur Welt gebracht, sechs Jungen und sechs Mädchen. Ihr Leben war von viel Arbeit und Entsagen geprägt. Als Bäuerin eines stattlichen Hofes war sie am Morgen die Erste und am Abend die Letzte, die nach dem Rechten sah. Ihr Rücken war von der Menge der Arbeit ganz gekrümmt. Fast bucklig war sie geworden. Ihre Hände waren rau, rissig und voller Schwielen. Das Gesicht wies viele Falten auf. Oil of Olaz oder dergleichen Schönheitstinkturen kannte sie nicht. Und doch war Großmutter für mich eine schöne Frau. Sie war die Schönste und Liebste, die ich kannte. Ihre Zuneigung zu mir war grenzenlos. Die Runzeln im Gesicht und ihre bucklige Gestalt nahm ich gar nicht wahr. Wie freute ich mich, wenn sie mal zu Besuch kam. Sehnsüchtig wurde sie immer erwartet. Dann übernahm sie in der Küche das Spülen und Abtrocknen, und ich konnte raus auf den Hof zum Spielen gehen.

Großmutter war eine einfache Frau. Sie hat nie eine höhere Schule besucht und die Volksschule nur in den Wintermonaten. Im Sommer mussten auch die Kinder mit dazu beitragen, die Ernte einzubringen.

Aber sie war sehr weise, und eine große Bauernschläue zeichnete sie aus. Ihre Lebensklugheit war bewundernswert. Vor allen Dingen war sie fleißig, und ihre Hände ruhten fast nie. Wenn sie sich mal auf die Ofenbank setzte, dann nutzte sie die Zeit zum Stricken. Nur ab und zu fiel der Strickstrumpf auf den Schoß, wenn sie für ein paar Minuten eingenickt war. Als ich in den Konfirmandenunterricht ging, lernte sie mit mir Verse, Lieder und Teile aus dem Katechismus auswendig. So machte das Lernen Spaß. Sie fragte mich dann immer ab, und gegen Ende der beiden Konfirmandenjahre beherrschte ich mehr als hundert Bibelsprüche, zwölf Choräle und eine Reihe Psalmen.

Auch Berichte aus dem Neuen Testament faszinierten mich. Meine Lieblingsgeschichte steht in Matthäus 19 ab Vers 13. Mütter hatten von Jesus gehört und brachten nun ihre Kinder zu ihm, er möge doch die Hände auf sie legen und für sie den Segen Gottes erbitten. Aber die Jünger wollten die Mütter zurückweisen. Hatte Jesus nichts anderes zu tun? Sollte er sich mit schreienden, kleinen Jungen und Mädchen abgeben? Sie stießen die aufdringlichen Mütter zurück. Das sah Jesus und sagte dann die wunderbaren Worte: *„Lasset die Kindlein zu mir kommen und wehret ihnen nicht, denn ihnen gehört das Himmelreich."* Jesus in seiner herzlichen Liebe zu den Kindern hat mich damals sehr angesprochen. Als ich etwa vier Jahre alt war, versammelten wir Kleinen uns um Großmutter und saßen auf einem Hockerchen, wenn sie uns die langen Zöpfe flocht. Und wenn die Letzte mit dem Kämmen fertig war, dann machten sich die Ersten schnell wieder strubbelig, nur damit das Erzählen wieder von vorne beginnen konnte. Ich selbst habe mich von ihrer liebevollen Art angenommen gewusst, und das tat mir gut. Großmutter war eine wunderbare Erzählerin.

Zu Weihnachten malte sie uns die Weihnachtsgeschichte vor Augen. Später, als ich selbst Großmutter war, folgte ich ihrem Beispiel und berichtete meinen Enkeln davon, wie Joseph und Maria durch die Straßen Bethlehems wanderten und ein Nachtquartier suchten. Aber an jeder Tür wurden sie abgewiesen. Sogar der Wirt lehnte sie ab und sagte ärgerlich: „Ich habe keinen Raum mehr in der Herberge", und vertrieb sie.

Da regte sich Mareike, unsere damals vierjährige Enkelin schrecklich auf. „Oma, das geht doch nicht, das geht wirklich nicht! Wäre der Joseph an unsere Tür gekommen, dann hätte ich sie ihm geöffnet und gesagt: ‚Kommt rein! Kommt schnell herein!' Maria hätte ich mein Bett gegeben. Und wenn dann das Jesuskind das Licht der Welt erblickt hätte, dann wäre ich schnell mit der Mama zu Aldi gefahren, und wir hätten einen großen Packen Pampers gekauft." Mareike, du hast das Evangelium schon begriffen, musste ich denken. Heute studiert Mareike Theologie und will sich zur Verkündigerin des Evangeliums ausbilden lassen. Der Grund dazu wurde schon im Kindesalter durch das Evangelium gelegt.

Einmal hatte ich Vaters Rasierspiegel zerschlagen und hätte Strafe verdient, weil ich zu stürmisch das Fenster aufgerissen hatte. Damals im Jahr 1945 war ein Spiegel eine Kostbarkeit. Wir besaßen ja nur einen und waren so arm wie eine Kirchenmaus. Aber Großmutter schickte mich schnell in den Holzstall, wo ich die Scheite aufschichten sollte. So nahm sie mich vor Vater in Schutz. Als ich am Abend wieder an den Tisch kam, war Papas Zorn längst verraucht. Als ich zum ersten Mal verliebt war und sehnsüchtig auf einen Brief wartete, der aber nie kam, nahm sie mich weinendes, junges Mädchen fest in ihre Arme und wischte mir die Tränen aus den Augen. Ich spürte ihre Herzlichkeit und Wärme. Sachte strich sie mir übers Haar und sagte: „Lottchen, so ist das Leben. Zur Liebe gehört auch das Leid." Seltsam getröstet ruhte ich an ihrer Seite, bis der Schmerz nachließ.

An manchen Abenden saßen wir in der Familie zusammen, und unsere Gespräche drehten sich meist nur um ein Thema: um den Verlust unserer Heimat, um den Verlust lieber Menschen, die im Krieg gefallen oder vermisst waren. Wir versanken fast in Schwermut, wenn wir von Bessarabien, dem fruchtbaren Land am Schwarzen Meer, erzählten. Aber mitten in unsere Traurigkeit hinein stimmte Großmutter mit ihrer kräftigen Altstimme folgendes Lied an, und wir alle sangen mit:

Wenn Friede mit Gott meine Seele durchdringt,
ob Stürme auch drohen von fern,
mein Herze im Glauben doch allezeit singt:
Mir ist wohl, mir ist wohl in dem Herrn!

Die Last meiner Sünde trug Jesus, das Lamm,
und warf sie weit weg in die Fern.
Er starb ja für mich auch am blutigen Stamm;
meine Seele lobpreise den Herrn!

Nun leb ich in Christo, für Christum allein;
sein Wort ist mein leitender Stern.
In ihm hab ich Fried und Erlösung von Pein,
meine Seele ist selig im Herrn.

Mit diesem Lied nahm sie unser wehes Herz in den Frieden Gottes hinein, und uns wurde wieder wohl. Es gibt wohl keine Freizeit, in der ich nicht dieses Lied in den Gottesdiensten singen lasse. Der Gedanke an Großmutter macht mein Herz weit und warm.

In der Obersekunda unternahmen wir eine Klassenfahrt ans Steinhuder Meer. Mein Lehrer erlaubte mir, mich für einen Tag aus der Gruppe zu entfernen und Großmutter zu besuchen, die dort in der Nähe wohnte. Die Freude des Wiedersehens war groß. Damit mir der Abschied leichter fallen sollte, schenkte sie mir ein paar selbst gestrickte Strümpfe und legte noch fünf Mark oben darauf. Das war für sie viel Geld; denn ihre Rente betrug nur knapp hundert Mark, und sie hatte außer mir noch neunzehn Enkel.

Das war mein letzter Besuch bei ihr. Im Gedenken daran spüre ich heute noch ihre kräftige Umarmung und ihren Kuss auf der Wange. Eines Morgens erreichte mich der Brief meines Vaters, Großmutter sei für immer eingeschlafen. Ich war an diesem Tag unfähig, eine Vorlesung an der Universität zu besuchen. So hockte ich auf meinem Bett und ließ Träne um Träne auf meine Kissen tropfen. Meine Trauer und mein Schmerz waren nicht zu stillen. Ich hatte etwas Kostbares verloren. Die Erinnerung aber bleibt mir: Großmutter war in ihrer Liebe einzigartig, voller Hingabe.

Das menschliche Leben, wenn es einen Zweck haben will, muss ein ständiges Empfangen und Wiedergeben der Freundlichkeit Gottes sein.

Carl Hilty

Gottes Liebe meint es unendlich gut

Schon seit Wochen sitze ich an der Übersetzung eines Buches und habe mich durch jedes Kapitel mühsam plagen müssen, bis mir der Text brauchbar schien. Nun habe ich es beinahe geschafft. Noch 17 Seiten liegen vor mir und warten darauf, aus dem Englischen ins Deutsche übertragen zu werden. Nur noch 17 Seiten, und doch meine ich, ich könnte diese Arbeit nicht mehr schaffen. Draußen ist es drückend heiß. Schwüle zieht auf und kündigt ein Gewitter an. Mein Geist ist erschöpft, der Blutdruck viel zu niedrig, ich bin lustlos und möchte am liebsten die Arbeit hinschmeißen. Das Ziel steht mir nah vor Augen, und doch bin ich mutlos. Diese Erfahrung ist mir nicht neu. Mir fehlt es öfter an Durchhaltevermögen, und meine Energien erlahmen sehr schnell. Aber plötzlich horche ich auf. Ein hell tönendes Gezwitscher dringt an mein Ohr. Ich schaue auf von meinem Buch und erblicke auf unserem Birnbaum genau vor meinem Fenster einen zierlichen, kleinen Vogel. Leichtfüßig hüpft er von einem Ast zum andern, plustert sich auf, lässt sich auf einem Zweig vom Wind hin und her schaukeln, reckt seine Kehle stolz in die Luft und trällert sorglos sein Lied in den Himmel.

Ein Zwiegespräch mit diesem lustigen Gesellen bietet sich mir an. „Ich danke dir, du herziger, grau gefiederter Musikant. Dein unbekümmerter, fröhlicher Gesang beglückt mich. Du strahlst Lebensfreude aus, und das wirkt ansteckend. Das macht mir Mut, an meiner Arbeit zu bleiben. Ich werde es schaffen, ja, ich werde es schaffen, in sechs Tagen, vielleicht auch schon in fünf." Und während ich dem Trillern lausche – ich kann gar nicht genug davon in mich aufnehmen – werde ich an ein Wort aus dem Neuen Testament erinnert. Dort spricht Jesus: *„Sehet die Vögel unter dem Himmel an. Sie säen nicht, sie ernten nicht, sie sammeln nicht in die Scheunen; und euer himmlischer Vater ernährt sie doch. Seid ihr nicht viel mehr als sie?"* (Matthäus 6,26). Ich nehme diese Frage in mich auf, bewege sie im Innersten und empfange von Jesus die Gewissheit: Ich bin in Gottes Augen wertgeachtet. Er, der den Vögeln Raum zum Leben schafft, sie täglich ernährt und fröhlich macht, er wird auch mir durchhelfen, mich stärken und ermutigen. Ich werde mein Ziel erreichen. Das lehrt mich der kleine, graue Vogel mit der roten Brust hoch oben im Geäst. Sein triumphierendes Getriller macht meine Sinne frisch und lebendig. Ich greife zur Feder und fülle Seite um Seite.

Seit dieser Beobachtung werde ich diese Frage nicht mehr los. Sie steht mir immer wieder neu vor Augen: „Seid ihr denn nicht viel mehr als sie?"

Es fallen mir Situationen ein, in denen ich die

Wahrheit dieses Verses spürbar erlebte: Sorgenvoll blickte ich der Geburt unseres Kindes entgegen. Voller Bangen fragte ich mich: Woher soll ich nur die Kraft nehmen, diesem Kind zum Leben zu verhelfen? Der Arzt hatte schon Andeutungen gemacht, ich müsse mit Komplikationen rechnen. Als meine schwere Stunde kam, schrie ich es geradezu heraus: „Ich kann nicht mehr! Ich kann wirklich nicht mehr!" Ich fürchtete auch um das Leben des Kindes, dessen Herztöne immer schwächer wurden. Der Schmerz, die Angst rissen mich wie in einem Strudel in die Tiefe, und ich war verzweifelt. Schließlich musste das Neugeborene durch einen operativen Eingriff geholt werden. Als ich aus der Narkose erwachte und mir ein sehr kleiner, aber gesunder Sohn in die Arme gelegt wurde, hätte ich vor Freude die ganze Welt umarmen können. Gott hatte meine Sorgen zunichte gemacht und mir mit diesem Kind ein unverdient großes Geschenk bereitet. Vor lauter Jubel hätte ich laut jauchzen können: *„Seid ihr denn nicht viel mehr als die Vögel?"* Ja, Gott kümmert sich um uns. Aber hat diese Zusage Jesu auch in der schwersten Bedrückung, die ein Mensch durch den Tod erfahren kann, Bestand?

Ich wusste, mein Vater würde sterben müssen. Die Diagnose des Arztes ließ keinen Zweifel aufkommen: Darmkrebs im fortgeschrittenen Stadium mit Metastasen in der Leber. Schrecklich und von Angst bestimmt waren die Stunden am Krankenbett. Ich meinte, es nicht mehr ertragen zu können, meinen Vater so leiden zu sehen. Ich liebte ihn, und er bedeutete mir viel.

Die Konfrontation mit dem Tod des eigenen Vaters war eine der stärksten Herausforderungen meines Lebens und ich lernte Gott zu vertrauen. Ich dankte ihm für die über vier Jahrzehnte, in denen ich einen liebenden Vater an meiner Seite haben durfte. Durch die Schrecknisse des Todes blickte ich auf zu Gottes neuer Welt. Es war mir, als ob er seine Hand freundlich auf meine Schulter legte und mir zusicherte: „Ich, dein himmlischer Vater, bin dir ganz nahe. Ich tue jetzt vor dir eine große Tat. Ich werde das Leben deines Vaters vollenden und ihn in meinen Himmel hinein nehmen. Ich werde ihm die Tränen von seinen Augen wischen und allem Schmerz, allem Leid, allem Weh ein Ende setzen. Glaube und fasse es: Ich meine es unendlich gut mit deinem Vater. Nach diesem irdischen Lauf öffne ich ihm die Tür zur Ewigkeit, und dein Vater darf das schauen, was kein Auge gesehen und kein Ohr gehört hat." Noch einmal begriff ich in der letzten Tiefe und Vollkommenheit den Sinn des Wortes Jesu: *„Seid ihr nicht viel mehr als sie?"*

Liebe sucht nach einem Ausweg

Wortlos legt mir Matthias sein Zeugnis auf den Küchentisch, blickt mich mit großen Augen fragend an und verschwindet dann stehenden Fußes für den Nachmittag bei seinem Freund. Er hat auch allen Grund dazu, sich aus dem Staub zu machen, denn seine Noten sind miserabel. In Latein und Englisch ist er eben noch so mit einer Vier minus in die nächste Klasse gerutscht. Mir ist klar, wenn sich unser Sohn nicht von Grund auf ändert und endlich Leistung zeigt, ist die Versetzung im nächsten Jahr ausgeschlossen. Was mache ich nur mit einem lustlosen Schüler, der alles andere im Kopf hat, nur nicht das Lernen? Ihn interessieren die Bundesligaergebnisse, Comichefte und die moderne Bluesmusik. Klingelt am Nachmittag ein Klassenkamerad an der Tür, dann wird die Lateingrammatik schnell zugeschlagen, und auf geht's zum Bolzplatz. Ob die unregelmäßigen Verben im Gedächtnis sitzen, was schert das einen Fünfzehnjährigen. Meist fällt ihm erst beim Frühstück ein, dass heute eine Klassenarbeit fällig ist. Viele Ängste stehe ich als Mutter aus. Heute halte ich die Quittung für so viel Faulenzerei in Händen. Mein Ärger klingt nur langsam ab. Aber muss ich mir nicht selbst die Schuld an diesem Leistungstief geben? Habe ich nicht in der Erziehung Fehler gemacht? Ist dieses Schulversagen nicht auch mir zuzuschreiben? Wie oft habe ich mich am Nachmittag um meine Erdbeeren, Bohnen und Rosen im Garten gekümmert, anstatt meine Zeit mit meinem Jungen zu teilen und mit ihm zu lernen. Ich habe Matthias vernachlässigt und zu wenig mit ihm geübt. Das wird mir im Nachhinein bewusst. Diese Scharte muss ich wieder auswetzen. So kreisen meine Gedanken an diesem Nachmittag nur um diese eine Frage: Wie kann ich meinem Sohn aus der Patsche helfen?

Ich berate mich mit meinem Mann. In Englisch setzen wir den Hebel an. Unseren Urlaub sagen wir ab und kümmern uns stattdessen um einen Auslandsaufenthalt in Amerika. Dorthin haben wir persönliche Beziehungen. Nach drei Gesprächen mit dem Diakonissenmutterhaus in Liberty Corner haben wir verständnisvolle Freunde gefunden, die unseren Jungen für sechs Wochen in ihre Familie aufnehmen wollen. Der Vater ist Landwirt, und Matthias kann ihm auf seinem Hof und auf seinen Feldern helfen. Außerdem hat der Bauer Kinder, mit denen er Englisch sprechen kann. Als Matthias am Abend zum Essen erscheint, kann er das Wunder nicht fassen. Neben seinem Teller liegt für ihn die Mitteilung, dass er in die Nähe New Yorks fahren kann. Die teure Flugkarte wird er in den nächsten Tagen erhalten. Eine Strafpredigt hatte er erwartet, und nun diese große Überraschung. Ich freue mich mit meinem Jungen, und mein Verzicht auf unsere Ferienreise wird mir nicht schwer. Ich weiß, Matthias wird seine Chance nutzen. Beim Gutenachtsagen sind wir beide wieder ausgesöhnt, und ich habe meinen Sohn nach diesem Dilemma noch viel lieber. Auch mir ist es jetzt wieder leichter ums Herz.

Diese Fahrt ins Ausland war für ihn ein wunderbares Erlebnis. Außerdem hat er tüchtig arbeiten gelernt, denn die Farbflecken an den Schuhen verraten mir, dass Matthias Scheunentore und Zäune gestrichen hat. Dass sein Englisch durch das Spiel und die Gespräche mit seinen neuen Freunden hervorragende Fortschritte gemacht hat, zeigte sich schon Wochen später in seinen Klassenarbeiten. Wie wichtig diese Sprachkenntnisse für Matthias werden sollten, hätte damals von uns niemand ahnen können. Über dreißig Jahre später wird er nach seiner Habilitation an die Columbia Universität in New York als Professor berufen werden. Wir danken unserm Gott dafür.

Liebe hat heilende Kraft

Vor meinem Fenster beobachte ich zwei kleine Vögel. Sie schwirren um den Baum, sitzen zwitschernd in den Zweigen, wippen mit den Schwanzfedern, plustern sich vor Übermut auf, fliegen in schwindelnde Höhen und trällern ihr Lied voller Jubel in den Himmel. Wie viel Lebensfreude vermitteln sie. Aber in meinen Gedanken sehe ich einen anderen Vogel vor mir. Ich fand ihn vor dem Gehsteig unseres Hauses. Die kleine Amsel war aus dem Nest gefallen. Reglos lag sie auf dem hässlichen, grauen Asphalt. Ob sie noch lebte und atmete? War sie nur verletzt oder schon tot? Vorsichtig trug ich sie in den Garten und legte sie unter einen Strauch. Ich sann diesem bedrückenden Erleben nach, und im Stillen bewegte mich die Frage: Wie viele Menschen gleichen diesem Vogel, der aus dem Nest gefallen ist. Sie kämpfen im Staub und Dreck ums Überleben und nicht selten geben sie auf.

Ich will von Evelin berichten. Sie hat mir ihre Lebensgeschichte aufgeschrieben und mir auch öfter davon erzählt, als sie in unser Haus zog. Eigentlich bewunderte ich die junge Dame. Sie war hoch gewachsen, schlank, schön, fuhr einen schicken, roten Audi, verfügte zu Hause über eine geschmackvoll eingerichtete Wohnung, hatte glänzende Examina gemacht und eine solide Berufsausbildung abgeschlossen. Und doch gähnte sie die Leere ihres Lebens an. Es ging ihr wie vielen anderen. Die Wirtschaftsflaute hatte sie aus der Bahn geworfen. Evelin wurde arbeitslos. Ihre Tage wurden öde und langweilig. Hinzu kam, dass eine jahrelange Partnerschaft in die Brüche ging. Das verletzte sie am meisten. Mit einem Schlag waren alle ihre Hoffnungen zerstört. Vor ihr lagen die Scherben ihres Lebens. Innerlich war sie tief verwundet und fand niemanden, der sie in ihrem Weh hätte trösten können. Sie kam sich vor wie die kleine Amsel, die reglos auf dem Bürgersteig lag. Sie war herausgestoßen aus dem warmen Nest einer sicheren Existenzgrundlage und einer innigen Liebesbeziehung, die alle Zeiten überdauern sollte. In ihrer Verbitterung suchte sie im Rausch Erleichterung und Befreiung in ihrer Not. Sie griff zur Wodkaflasche und merkte zu spät, wie sie in die verderblichen Fänge des Alkohols geraten war. Zu den Wunden, die ihr andere geschlagen hatten, kam nun noch die eigene Schuld. In stillen Stunden verachtete sie sich und wollte sich selbst zerstören. Mit einer Rasierklinge brachte sie sich tiefe Risse in Armen und Beinen bei. Was war nur aus ihr geworden? Die Verzweiflung war riesengroß, und sie sah keinen Ausweg mehr. Schließlich ging sie in mehrere Apotheken und kaufte sich Schlaftabletten. Mit ihrem Auto fuhr sie draußen vor die Stadt in eine entlegene Waldgegend. Irgendwo in der Einsamkeit griff sie mit zitternden Händen nach den tödlichen Medikamenten. Das bittere Gift schmeckte sie nicht.

Der Wein war widerlich süß und klebte am Gaumen. Die Kälte kroch ihr den Rücken herauf und ihre Glieder waren wie gelähmt. In ihrer Angst stieß sie die Autotür auf und fiel auf die Erde. Sie versuchte aufzustehen, aber die Beine versagten ihr den Dienst. So blieb sie im Schnee liegen. Ihr Schrei „Jesus hilf mir!" verhallte im Wind. Bald würde sie unter den herabfallenden Schneeflocken wie unter einem Leichentuch begraben sein. Und dann wäre alles vorbei, für immer vorbei.

Zwei Männer, die im naheliegenden Gebiet Holz fällten, fanden sie und brachten die Leblose schnell in die Klinik. Sie überlebte. Nach ihrer Entlassung erkannten junge Christen, dass Evelin dringend Hilfe brauchte. Sie versuchten die Lebensmüde mit guter Literatur, die ihr die richtige Perspektive vermitteln sollte, auf die rechte Spur zu bringen. Evelin fand Freunde, die ihr zu Ansprechpartnern wurden. Sie besuchte mit ihnen die Gottesdienste und nahm die Worte der Bibel auf wie ein trockener Schwamm das Wasser. Ihre tiefen Sehnsüchte fanden bei Jesus, ihrem guten Hirten, Erfüllung. Seine Liebe tat ihr wohl. Die junge Frau erkannte, dass Christus schon längst nach ihr Ausschau gehalten hatte. Er war es, der ihr die beiden Holzfäller über den Weg geführt hatte. Sie wollte mehr über ihn hören und begann selbst die Bibel zu lesen. Ein Textabschnitt sprach sie besonders an: *„Fürchte dich nicht, denn ich habe dich erlöst; ich habe dich bei deinem Namen gerufen, du bist* *mein! Denn wenn du durch Wasser gehst, will ich bei dir sein, dass dich die Ströme nicht sollen ersäufen; und wenn du ins Feuer gehst, sollst du nicht brennen, und die Flamme soll dich nicht versengen. Denn ich bin der Herr, dein Gott, dein Heiland. Weil du so wertgeachtet bist vor meinen Augen, musst du auch herrlich sein, und ich habe dich lieb. So fürchte dich nun nicht!"* (Jesaja 43,1-4).

Die Liebe ihres himmlischen Vaters riss sie heraus aus aller Verzweiflung. Unter dem Zuspruch des Allmächtigen war sie geborgen wie in einem warmen Nest. Trotz mancher Anfechtungen ruhte sie in der Gewissheit: Mein Schöpfer, der mich wunderbar geschaffen hat, weiß mich auch zu erhalten. Er wird für mich sorgen und mich in meinen Ängsten verstehen. Sein Trost und seine Liebe gelten mir. Ganz bewusst übergab Evelin ihr Leben an Christus und fand Mut und Hoffnung. Im Gebet gewann sie Kraft, sich von allen verderbenden Mächten loszusagen. Sie wurde befreit aus der Abhängigkeit des Alkohols, indem sie in einer Entzugsklinik Betreuung suchte, und darf nun froh Christus, ihrem Herrn und Heiland, nachfolgen.

Es ist Weihnachten, und in Rumänien bricht die Hölle los

Es war der 23. Dezember 1989. Auf dem Hebronberg in Marburg drängten sich die Menschen in ihrer Festtagskleidung zum großen Esssaal. Im Diakonissenmutterhaus fand die Weihnachtsfeier statt. Das ist immer ein lange erwartetes, besinnliches Ereignis. Wunderbar ist der Saal geschmückt. Mehrere Tannen berühren mit ihren Spitzen fast die hohe Decke. Die elektrischen Kerzen habe ich nicht zählen können, obwohl ich es versuchte; es mögen wohl mehr als 400 Lichter gewesen sein. Die Tische waren mit Weihnachtssternen und Kerzen geschmückt, und ein gut einstudiertes Programm sollte die Zuhörer auf das großartige Geschehen einstimmen: Christus ist geboren, und wir haben allen Grund uns zu freuen. Während die Besucher zu ihren Plätzen drängten, begegneten wir Ehepaar Neureder. Sie gehören beide als Mitarbeiter zum Diakonissenmutterhaus und nehmen auch jedes Jahr an der Feier teil. Sie standen gerade vor einem schweren Auftrag; denn sie waren mit einigen Helfern bereit, auf den Willen Gottes zu hören und Hilfsgüter nach Rumänien zu bringen. Aber vielleicht erzähle ich die Geschichte von Anfang an:

Am 20. Dezember 1989, also kurz vor der Absetzung Ceausescus, öffneten sich in Rumänien die Gefängnistore für politische Häftlinge. Eine blutige Revolution war im Gange. Die Bevölkerung wollte sich nicht länger die Drangsalierungen des Diktators gefallen lassen. Er hatte dieses schöne, fruchtbare Land, das Häfen, Bodenschätze und dazu noch humusreiche Erde besitzt, in den Ruin getrieben. 1967 war er an die Macht gekommen. Über den wahren Charakter von Ceausescu und sein diktatorisches Verhalten ließen sich in den ersten Regierungsjahren viele Menschen täuschen. Von der Presse und den Journalisten wurde er mit seinen Ruhmestaten in den Himmel gehoben. Doch das schadete seinem Wesen nur. Er wurde stolz und arrogant. Ihm wurde viel Ehre entgegengebracht. Auffällig war seine Prunksucht. Ein Viertel der Innenstadt von Bukarest machte er dem Erdboden gleich, um seine wahnsinnigen Projekte auszuführen. Mit Bulldozern ließ er die alten Kulturdenkmäler, die wunderschönen historischen Häuser und Kirchen niederwalzen. Eine Prachtstraße von 3,6 Kilometern Länge mit einem Geschäft am anderen, Boulevard genannt, führte nun auf seinen Regierungssitz zu. Darin gab es Säle, die so groß waren wie ein Fußballfeld, und man wusste zunächst gar nicht, wie man sie nutzen konnte. Seine „Casa Poporuliu" (Haus des Volkes) war nur zu seinem eigenen Ruhm erbaut worden. Dem Volk selbst stand sein Prachtbau nicht zur Verfügung. 400 Architekten waren damit beauftragt worden, die wahnwitzigen Wünsche des

Diktators und seiner Frau Elena zu erfüllen. Viel Marmor, edle Hölzer, Gold und Silber hatte man dafür verwandt. Dieser Emporkömmling, der von Beruf ein einfacher Schuster war und aus einer kinderreichen, aber frommen Familie stammte, wollte zeigen, was er zu bieten hatte. Dabei ging er rücksichtslos vor. Ein Beispiel soll uns dies deutlich machen.

Ein Treppenaufgang in seinem Prunkbau war so konstruiert, dass er am Ende auf ein Kreuz zulief. Als Ceausescu das sah, wurde er zornig, ließ den Architekten, der dies entworfen hatte, zu sich kommen und warf ihn Wut schnaubend ins Gefängnis. Das Kreuz musste natürlich sofort entfernt werden und landete auf dem Scheiterhaufen.

Zunächst konnte die westliche Welt den Eindruck gewinnen, mit Ceausescus Machtantritt setze ein Tauwetter ein, das den Druck auf die Bevölkerung etwas erleichterte. Aber das war eine gewaltige Täuschung. Im Inneren des Landes herrschte die stalinistische Eiseskälte mit Gefangennahme, Folter und Tod für jeden, der sich dem Regime entgegenstellte. Von Freiheit konnte keine Rede sein. Alle potenziellen Rivalen schaltete Ceausescu aus. Der Atheismus regierte in Rumänien weiter wie in allen kommunistischen Staaten. Das religiöse Leben wurde stark beschnitten. Das zeigte sich z. B. auch darin, dass nur eine begrenzte Zahl von Theologiestudenten an den Universitäten zugelassen wurde. Besonders besorgniserregend war die wirtschaftliche Lage in Rumänien. An allen Ecken und Enden krankte das Land an der Unterversorgung seiner Bürger. Die Regale in den Geschäften blieben leer, und die Menschen mussten hungern. Schon seit 1981 waren Fleisch, Brot, Zucker und Speiseöl rationiert. Fisch, Fleisch, Kartoffeln, Reis und Milch blieben Mangelwaren. Die Grundnahrungsmittel gab es nur noch in knappsten Mengen. Gegen Ende von Ceausescus Herrschaft bestand die tägliche Ration für eine Person nur noch aus einem Esslöffel Mehl, einem Esslöffel Speiseöl, einem Teelöffel Zucker und einer Kartoffel. Wer hätte da mit einer solchen Zuteilung noch arbeiten können?

Aber die Bevölkerung musste nicht nur hungern, sondern auch frieren. 1985 wurde der Elektrizitätsnotstand ausgerufen. Je Wohnung war nur noch eine 25 Watt-Birne erlaubt. Wer sich helleres Licht gönnte, musste wegen Vergeudung des Volkseigentums mit einer Gefängnisstrafe rechnen. Die Wohnungen blieben kalt. Die Temperaturen in den Häusern durften 12 Grad nicht überschreiten, und die Winter in Rumänien sind hart. Die Ölfelder in diesem Land waren erschöpft. Auf den Dörfern herrschte der blanke Horror. Ceausescu hatte beschlossen, die Zahl der Dörfer ungefähr um die Hälfte zu verringern. So mussten z. B. vier schmucke Orte in der Nähe von Bukarest hässlichen Wohnblocks weichen. Was dies für die Dorfbewohner bedeutete, die Haus und Hof verlassen mussten, ist kaum in Worte zu fassen. Wären diese zerstörerischen Pläne auch im Innern des

Landes verwirklicht worden, so wäre der christlichen Lehre der Todesstoß versetzt worden; denn Kirchen und Friedhöfe hätten verschwinden müssen, und Gottesdienste und christliche Beerdigungen hätten nicht mehr stattfinden können. Heute fragt man sich zu Recht: Wie konnte ein so gedemütigtes Volk diesen Herrscher 25 Jahre ertragen?

Ein besonderes Kennzeichen von Ceausescu waren die Ängste, die ihn plagten. Deshalb baute er auch den mächtigen Apparat der Securitate um sich auf. Seine krankhafte Angst zeigte sich z. B. auch darin, dass er täglich einen neuen Anzug trug, weil er fürchtete, Bakterien könnten ihm schaden. Hatte er etwas Verdächtiges über einen Menschen erfahren, so musste dieser sofort mundtot gemacht werden und landete im Gefängnis. Wer so seine Untertanen quält, ausnutzt und in die Enge treibt, muss sich nicht wundern, wenn eines Tages das Fass überläuft und der Unmut revolutionäre Formen erreicht. Der angestaute Zorn machte sich zum ersten Mal Luft, als 33 000 Grubenarbeitern der Lohn um die Hälfte gekürzt wurde. Sie traten 1979 in den Streik. 1985 versuchten die Banater Bauern, die Getreidespeicher zu stürmen. 1987 gab es unter den Arbeitern in Kronstadt einen Aufstand. „Nieder mit Ceausescu!", schrie das Volk. Polizei, Miliz und Armee stellten mit brutalen Mitteln Ruhe und Ordnung wieder her und schlugen den Aufstand nieder. Auch die Weltöffentlichkeit prangerte die Gewaltmethoden Ceausescus an. Als damit begonnen wurde, die Dörfer in Rumänien zu vernichten, demonstrierten 50 000 Ungarn in Budapest. Weltkirchenrat, Uno, das KSZE-Treffen und Amnesty International klagten den Missbrauch der Menschenrechte an. Im September 1989 rief die rumänische Oppositionsgruppe „Front zur Rettung der Nation" zum Sturz Ceausescus auf. Kritisiert wurden vor allem der abscheuliche Personenkult um den Machthaber und seine Prunksucht, während das Volk hungern musste, ausgebeutet wurde und die Arbeiter keine gerechten Löhne erhielten.

In Temeschwar spitzte sich die Lage zu. Der reformierte Pfarrer Lazio Tökes, der sich für die Rechte der ungarischen Minderheit und für die Freiheit der christlichen Religion einsetzte, wurde erbarmungslos von den Behörden bespitzelt und verfolgt. Zuletzt traute er sich nicht mehr in seiner Wohnung zu schlafen und quartierte sich in der Sakristei ein. Da sein Bischof mit den Anhängern Ceausescus paktierte und sich nicht hinter seinen Amtsbruder stellte, organisierten die Presbyter und die Gemeinde den Schutz ihres Hirten. Am 16. Dezember 1989 bildeten Männer, Frauen und Kinder einen Ring um die Kirche. Sie beteten das Vaterunser. Diesen Hunderten schlossen sich Tausende an, meist Studenten, aber auch jugendliche Arbeiter. Sie zogen bis zur Stadtmitte und riefen: „Nieder mit Ceausescu! Nieder mit dem Diktator! Wir wollen Freiheit!" Laut sangen sie das Revolutionslied von 1848: „Wach auf, Rumänien, aus dem Todesschlaf!" Sie drangen in das Rathaus ein und verbrannten Bilder des Despoten. Als Ceausescu dies erfuhr, gab er den Befehl, die Aufständischen niederzuschießen. Diesmal genügten der Securitate keine Schlagstöcke oder Tränengas mehr. Panzer rückten an. Schreckliche Gräueltaten waren die Folge. Das Militär wurde in Alarmbereitschaft gesetzt. Die Grenzen zu Jugoslawien, Bulgarien, Ungarn und zur Sowjetunion wurden geschlossen. Der Aufruhr griff auf viele Städte in Rumänien über.

Im Dezember 1989 entschloss sich der Diktator, eine Rede in Bukarest zu halten. Aber die aufgebrachte Menge brüllte ihn nieder. Die Demonstranten wurden von der Miliz umzingelt, und das Feuer wurde auf sie eröffnet. Es herrschte blankes Chaos, und die Straßen färbten sich blutrot. Aus den öffentlichen Gebäuden loderten die Flammen. Ein paar Tage später versuchte Ceausescu noch einmal, vom Balkon des Präsidentenpalastes an eine fast unübersehbare Menschenmenge ein paar Worte zu richten. Wieder wurde er niedergeschrien. „Tod! Tod!", riefen die Bürger und pfiffen ihn aus. Die Soldaten mit ihren Panzern, die auf den Platz herbeigerufen worden waren, solidarisierten sich nun mit dem Volk. Die Lage wurde für den Diktator immer bedrohlicher. Da wurde Ceausescu mit dem Hubschrauber ausgeflogen, während die Menge ihm nachschrie: „Ratte! Ratte!" Aber der Diktator und seine Frau konnten ihrer Festnahme nicht entgehen. Sie wurden gefasst und nach einem kurzen

Prozess, der mehr einem Standgericht glich, erschossen. Die Bilder von seiner Hinrichtung gingen um die Welt. Dies ereignete sich am Weihnachtstag 1989, und zum ersten Mal nach 42 Jahren durfte wieder das Fest der Geburt Christi offiziell begangen werden.

Am 20. Dezember 1989 erreichte das Ehepaar Neureder der Anruf: „In Rumänien öffnen sich die Gefängnistore. Verstümmelt und geschändet kommen vor allem Jugendliche und Kinder heraus. Es wird dringend um Verbandsmaterial gebeten; denn diese Gefangenen sind gefoltert worden und bluten aus vielen Wunden."

Die Securitate hatte schrecklich gewütet. Herr Neureder setzte sich mit Apotheken und Krankenhäusern des Diakonieverbandes in Verbindung, und ohne langes Zögern rollten Kleinbusse aus Kassel, Hemer, Frankfurt und Oberursel nach Marburg und brachten blutstillendes Material, Verbandszeug, Desinfektionsmittel, Pflaster, Infusionsapparaturen und noch vieles mehr. Ein Lastwagen von einem Fassungsvermögen von sechseinhalb Tonnen wurde von eifrigen Helfern beladen. Rotkreuzfahnen sollten das Transportfahrzeug vor Übergriffen schützen. Die Einreise in dieses von Revolten geschüttelte Land erfolgte ohne Papiere. Aber dies war nur in der kurzen Zeit möglich, als das Chaos überhand genommen hatte.

Herr Neureder beschloss, Weihnachten mit seinen Helfern auf den Straßen Rumäniens zu verbringen. Die Oberin des Diakonissenmutterhauses in Marburg unterstützte diese Aktion kräftig. Kurz vor der Abfahrt brachte Schwester Elisabeth einen großen Korb mit Plätzchen, Geschenken und belegten Broten und stellte ihn ins Auto; denn der Weg für die Helfer war weit. Außerdem spendete sie noch einen großen Schinken. Sein Neffe Ulrich Neureder und Christoph Riemer lenkten den Lastwagen. Herr Neureder selbst fuhr mit seiner Frau und Tochter im Personenwagen hinterher. Mitten in der Nacht erreichten sie Budapest, das etwa 1000 Kilometer von Marburg entfernt liegt. 17 Stunden hatte die Fahrt gedauert. Nach einer kurzen Rast bei Christen ging die Fahrt weiter bis zur Grenze Artant-Bor in Oradia. Der Spediteur einer Firma, der Handelswaren nach Rumänien gebracht hatte und nun auf der Rückfahrt war, warnte den Hilfstransport auf ungarischer Seite. „Herr Neureder, wenn Sie Ihre Frau zur Witwe machen wollen, dann fahren sie weiter. Die Securitate schießt auf alles, was sich bewegt. Auf Rumäniens Straßen herrscht die Hölle."

Dieser Autofahrer aus dem Siegerland hatte Glück gehabt, dass er mit heiler Haut Ungarn erreicht hatte. Was war nun zu tun? Herr Neureder betete und beratschlagte sich mit seinen Helfern, wie sie handeln sollten. Er selbst war bereit, diesen Hilfstransport allein nach Rumänien zu steuern. Er fragte jeden Einzelnen und sagte ihm auch klipp und klar, dass er zurückbleiben könnte. Aber Ulrich Neureder, Christoph Riemer, seine Frau und Miriam Neureder wollten den ihnen von Gott erteilten Auftrag zu seinem erfolgreichen Ziel führen. Dass die Fünfzehnjährige dabei Tränen vergoss, ist verständlich; denn die Situation war wirklich brenzlig. So setzte sich der Transport wieder in Bewegung. Auf der rumänischen Seite trat ein Grenzer auf den Lastwagen zu und fragte: „Was haben Sie geladen?" – „Ausschließlich medizinisches Material", lautete die Antwort. Der Zöllner erwiderte: „Ich lasse Sie weiterfahren, wenn Sie uns mit Verbandszeug versorgen. In Oradia hat die Securitate schrecklich gewütet. Viele Tote sind zu beklagen, und für die Schwerverletzten fehlt drüben jegliches Verbandsmaterial. Noch nicht einmal ein Pflaster steht ihnen zur Verfügung." Herr Neureder verhandelte mit dem Grenzer und überließ ihm einen Kombi voll mit Mull, Watte und Verbänden. Dann wurden sie über die Grenze gewinkt. Die Gruppe fuhr nun äußerst vorsichtig auf rumänischem Gebiet weiter.

In dem Chaos hatte sich sehr schnell eine neue Polizei gebildet, die sich „Retter der Nation" nannte. Sie rekrutierte sich aus der regulären Armee und hatte nichts mit der Securitate zu tun. Diese Soldaten bahnten dem Hilfstransport einen Weg. Als sie den Ort erreichten, von dem der Hilferuf nach medizinischen Mitteln ausgegangen war, mussten sie schmerzlich erkennen, dass sie zu spät gekommen waren. Die meisten Gefolterten waren schon verblutet, und die übrigen Verletzten hatte man in ein Krankenhaus gebracht. Aber in einem anderen Ort kamen die Helfer aus Deutschland noch zur rechten Zeit. In Felix gab es Hunderte von Verletzten. Alle Hilfsgüter wurden ausgeladen und an Christen übergeben, die sie dann verteilten.

Anschließend besuchten die fünf Helfer Bela Baloc, einen väterlichen Freund. Eng wurde es in seiner Stube, und hier wurde Weihnachten gefeiert. Baloc legte seinen Arm um Neureder und sagte: „Willi, genug mit dem Kommunismus! Gott hat ihm ein Ende gesetzt. Die Weltgeschichte wird von der Gottesgeschichte gelenkt. Jetzt entsteht ein geistliches Vakuum in unserem Volk. Willi, ihr müsst uns helfen, es zu füllen."

Gemeinsam sangen sie das Lied, das in Rumänien schon lange nicht mehr gesungen werden durfte:

Stille Nacht, heilige Nacht!
Alles schläft;
einsam wacht
nur das traute, hoch heilige Paar.
Holder Knabe im lockigen Haar,
schlaf in himmlischer Ruh, –
schlaf in himmlischer Ruh!

Stille Nacht, heilige Nacht! Hirten erst kundgemacht; durch der Engel Halleluja tönt es laut von fern und nah: Christ, der Retter ist da! Christ, der Retter ist da!

Stille Nacht, heilige Nacht!
Gottes Sohn,
o wie lacht
Lieb aus deinem göttlichen Mund,
da uns schlägt die rettende Stund,
Christ in deiner Geburt!
Christ in deiner Geburt!

Dann fuhren die Deutschen wieder zurück Richtung Marburg. Unterwegs hörten sie dann im Radio, Ceausescu sei am 1. Feiertag mit seiner Frau hingerichtet worden. Die Erschießung wurde sogar von einem französischen Fernsehteam gefilmt und später ausgestrahlt. In Bukarest wurde das Ehepaar begraben. Ein verrostetes Kreuz mit seinem Namen lässt sein Grab erkennen. Aber keiner legt hier Blumen nieder.

Glücklich landeten die Helfer wieder in Marburg. Aber der Auftrag, Rumänien die Botschaft von Christus zu bringen, ist ihnen geblieben. Davon zeugt der nächste Bericht.

Agape – ein Kinderheim in Rumänien

Als Ceausescu an die Macht kam, scharte er eine starke Truppe um sich, die ihn vor Übergriffen seiner Gegner schützen sollte: die Securitate. Das war ein Heer von gewalttätigen, brutalen Männern, die keine Gnade kannten oder Erbarmen hatten. Die Frage, wie es ihm gelang, diese Streitmacht überhaupt aufzubauen interessierte mich. In seinem Wahnsinn – anders kann man das nicht bezeichnen – griff er einfach Kinder und Jugendliche auf und machte sie sich gefügig. Von den Feldern, den Straßen, den Schulen, aus den Häusern verschleppte er sie und brachte sie in „Kasernen" unter. Diese Behausungen waren noch elender und erbärmlicher als Viehställe. Sein Ziel war es, diese Kinder und Jugendlichen zu menschenverachtenden Wesen zu erziehen. Er dressierte sie so, dass sie zu Häschern der Securitate wurden. Noch heute nennt man sie: „Die Jungs mit den blauen Augen". Aber auch sonst mussten diese Kinder ein notvolles Dasein führen. Teuflisch war sein Plan, Säuglingen und Kleinkindern Blut abzunehmen, und dieses dann sich selbst durch Infusionen übertragen zu lassen. Mit diesem jungen Blut hoffte der Diktator ewig leben zu können. Welch ein Irrsinn! Die Kinder hatten in

Rumänien keine Zukunft. Viele starben sofort nach der Blutentnahme, weil sie zu schwach waren, andere wurden dann wieder verjagt, verstoßen und einfach auf die Straße getrieben. Total verdreckt und verlaust, mit Schwären und Wunden überdeckt fand man nach dem Fall des Diktators diese Niemandskinder völlig unterernährt in dem einst so stolzen und fruchtbaren Land. Was war nur aus Rumänien geworden! Oft kannten die Buben und Mädchen noch nicht einmal ihren Namen und wussten auch nicht, wann sie geboren waren. Lachen und sogar das Weinen hatten sie verlernt. Nie hatten sie einen Kindergarten oder eine Schule besucht. Eine ärztliche Versorgung wurde ihnen nicht zuteil. Ihr Überleben erreichten sie durch Betteln und Stehlen. Wem sich der Magen vor Hunger im Leibe umdreht, der schreckt auch nicht vor Lügen und Betrügen zurück, sondern es geht ihm einzig ums Überleben. Liebe und Zuneigung waren diesen Kindern fremd, und von Gott hatten sie nie etwas gehört. Sie lebten oft in Kanälen und Schächten unter den Straßen. Dahin hatten sie sich zurückgezogen. Untergrundkinder müsste man sie nennen, noch nicht einmal Straßenkinder, denn sie lebten unter der Erde im Dunkel. Wer ihnen helfen wollte, musste sie aus den Kanälen fischen.

Am schlimmsten aber hatte es in Rumänien die behinderten Kinder getroffen. Filmische Aufnahmen zeigen, wie sie in Behausungen dahinvegetierten, nackt, nur auf Eisenbettstellen liegend, ohne Matratzen, Decken und Kissen. Diese schrecklichen Höhlen hatten noch nicht einmal Toiletten. Auf dem Fußboden häuften sich Kot und Urin an und verbreiteten einen entsetzlichen Gestank. Ihre Ernährung war darauf abgestellt, dass sie langsam einem elenden Tod entgegen gehen mussten.

Wie brutal dieser Diktator war, zeigt noch eine andere Begebenheit. Als Ceausescu seinen Palast plante, der größer als drei Fußballfelder war, errichtete er diesen Prunkbau auf den Grundmauern eines ehemaligen Gefängnisses. In seinem wahninnigen Stolz erklärte er: „Wenn ich morgens aufstehe, dann will ich meine Füße auf die Schädelknochen meiner Gegner setzen."

Das war die Situation, wie sie Christen aus Deutschland kurz nach der Revolution 1989 in Rumänien vorfanden. Wie es dazu kam, dass sie sich dieser Kinder annahmen, hat mir Willi Neureder, ein Mitarbeiter der Internationalen Wurmbrandmission, berichtet:

„Ich war in Bukarest und ging über den ehemaligen schönen Park, der aber jetzt zu einem Friedhof umfunktioniert worden war. Die schreckliche Revolution von 1989 hatte so viele Tote gefordert, dass die normalen Friedhöfe die Särge nicht mehr aufnehmen konnten. Plötzlich fiel mir ein kleines Mädchen auf. Es kniete an einem frisch aufgeschütteten Grab und hielt ein Foto in den Händen, wahrscheinlich das Bild seines Vaters. Die Kleine weinte und schaute mich mit einem tränenverschleierten Blick an, als ich mich ihr näherte. Ich war vom Anblick dieses Kindes ergriffen. Spontan kniete ich mich auch nieder, sprach ein Gebet, legte meine Hände auf die Kleine und segnete sie. Leider konnte ich mich ihr nicht verständlich machen, da ich kein Rumänisch sprach. Noch nicht einmal ein Traktat hatte ich in meiner Tasche, das ich ihr als tröstendes Wort hätte geben können. Mich ließ der Anblick dieses Mädchens nicht mehr los, und ich überlegte, was wir als Christen aus Deutschland für diese Kinder tun könnten. In mir reifte ein Plan, ja, er wurde mir ganz dringlich von Gott aufs Herz gelegt: Wir müssen dieses von Schrecknissen und Nöten gebeutelte Land mit christlicher Literatur versorgen. Über zwanzig Jahre hatte Ceausescu mit seiner atheistischen Haltung alles Christliche ausgerottet. Allein in Bukarest wurden 40 Kirchen mit Bulldozern niedergewalzt. Im ganzen Land kann ihre Zahl nur geschätzt werden, aber sie ist sehr hoch. Also plante ich, in Bukarest eine Druckerei einzurichten. Außerdem sollten ihr noch eine Leihbücherei und eine Buchhandlung angegliedert werden. Diese Vision wurde für mich zu einer heiligen Verpflichtung, zu einem Auftrag von Gott selbst. So kehrte ich nach Deutschland zurück. Auf meinen Verkündigungsreisen erzählte ich meinen Zuhörern von diesem Mädchen auf dem Friedhof. Gottlos sei dieses Land geworden. Es gäbe keinen Trost für die leidgeprüfte Bevölkerung. Ich fand dann opferbereite Menschen, die mein Projekt mit ihren Gebeten und ihren finanziellen Mitteln unterstützen wollten. Dieser Plan ließ sich nicht von heute auf morgen verwirklichen. Ich musste große Anstrengungen unternehmen und reiste von einem missionarischen Einsatz zum andern. In Marburg war ein tüchtiger Schreiner – Eugen Gitzel – bereit, die Einrichtung für die Druckerei, die Buchhandlung und die Leihbücherei herzustellen. Sicher wird er oft bis in die Nächte hinein geschreinert haben, um die Regale und sonstigen Möbel nach Maß anzufertigen. Viermal reiste er auch selbst nach Rumänien. In Bukarest fand ich im Haus der Securitate, die ja jetzt aufgelöst worden war, den geeigneten Ort für mein Vorhaben. Das Erdgeschoss war mit Schaufenstern ausgestattet und so hervorragend für mein Projekt geeignet. Am 8. Dezember 1990 konnten die Druckerei, die Buchhandlung und die Leihbücherei eingeweiht werden.

Und noch ein Ereignis hat mein Innerstes bewegt, so dass mir ein neuer diakonischer Auftrag unerlässlich wurde. Nach meinem Erlebnis mit dem Kind auf dem Friedhof entdeckte ich in Bukarest eine Mutter mit ihrem Baby auf dem Arm. Ich sprach sie an, weil sie arm, bedrückt und hilflos aussah und wollte ihr helfen. Sie hielt mir sofort ihr Baby entgegen, und plötzlich brach es aus ihr heraus: ‚Ich verkaufe dir mein Baby für 2000 Dollar. Zuhause habe ich noch fünf Kinder. Ich weiß nicht, wie ich sie ernähren soll. Ich möchte doch, dass sie noch eine Weile leben. Dafür opfere ich mein Kleinstes, damit die andern nicht sterben.' Ich war erschüttert. Da soll ein Neugeborenes verkauft werden, damit die Geschwister überleben können. Noch nie zuvor hatte ich so etwas erfahren. Tränen traten mir in die Augen, und ich schämte mich ihrer nicht. Was war das für ein Elend! Ich wurde an das Bibelwort erinnert: *‚Kann auch eine Mutter ihres Kindleins vergessen?'"* (Jesaja 49,15)

Auf dem Rückflug nach Deutschland begegnete ich im Flugzeug einer Frau, die zu den Hutterern gehört. Das ist eine christliche Freikirche. In Frankfurt musste diese Kanadierin umsteigen. Fast konnte ich es nicht begreifen, was ich da zu sehen bekam. In ihrer Tragetasche hatte sie das Baby von Bukarest warm verpackt und nahm es mit in ihr Land, um ihm ein Heim zu geben. In der Zeit so kurz nach der Revolution war es möglich, ein Kind auch ohne Papiere in ein fremdes Land auszufliegen. Es herrschte nämlich ein schreckliches Chaos. Die Hauptsache war, dass dem Säugling geholfen wurde.

Da erkannte ich, dass Rumänien nicht nur christliche Literatur brauchte, sondern dringend Hilfe für die notleidenden, verwahrlosten Kinder. Auch dieses Erlebnis machte ich auf meinen Vortragsreisen in Deutschland bekannt. Gerade in Zeiten der kriegerischen Auseinandersetzung und Revolution leiden Kinder am meisten. Auf ihrem schwachen Rücken wird der Konflikt ausgetragen. Diesen Kindern in Rumänien musste geholfen werden. Es war erstaunlich, wie empfänglich meine Zuhörerinnen und Zuhörer für diese Botschaft waren.

Eine Welle der Hilfsbereitschaft setzte ein. Ich gewann tüchtige Helfer und Sponsoren. In ganz besonderer Erinnerung bleibt mir ein jung vermähltes Paar. Die beiden waren entschlossen, ihre Hochzeitsreise nach Rumänien zu unternehmen. Sie setzten sich auf einen Lastkraftwagen und fuhren Hilfsgüter in dieses Land, um Kinder vor dem Hungertod zu bewahren. In diesem Hilfstransport waren auch besonders viele Pakete, die den Buben und Mädchen zu Weihnachten eine Freude bereiten sollten.

Es waren Liebesgaben von Christen, die die Not der Kleinen nicht unberührt gelassen hatte. Schulhefte, Stifte, Hosen, Hemden, Pullover, Mäntel, Schuhe, Strümpfe, Unterwäsche, Schokolade, Plätzchen, Spielzeug und noch vieles mehr fanden so ihren Weg zu den Ärmsten der Armen. Wer die leuchtenden, strahlenden Kinderaugen unter dem Christbaum gesehen hat, als ihnen die Geschenke ausgeteilt wurden, wird sie nie mehr vergessen können. Jedes Jahr, schon Anfang November setzt sich ein großer LKW mit Weihnachtsgaben Richtung Rumänien in Bewegung, damit er noch vor Einbruch des kalten Winters in den Karpaten sein Ziel erreicht. Dieses Weihnachtsfest ist für die Kinder wie ein Märchenwunder, und jedes Jahr ereignet es sich wieder.

Aber mit den Geschenken allein dürfen sich unsere Liebe und unsere Hilfsbereitschaft nicht erschöpfen. Diese verlassenen Elendsgestalten brauchen ein Zuhause, ein warmes Nest, in dem sie liebevoll betreut werden können. Sie brauchen Heilung von ihren traumatischen Erlebnissen. Nichts war wichtiger als eine Kinderheimat. Von der Mission erhielt ich die volle Unterstützung für diese neue Aufgabe. Inzwischen hatten sich viele Paten für die Kinder gemeldet, die bereit waren, monatlich 40 Euro zu spenden, um den Unterhalt eines Kindes zu sichern. Die Suche nach einem geeigneten Heim gestaltete sich äußerst schwierig. Hatte man ein passendes Haus entdeckt, dann tauchten plötzlich Probleme auf. Glücklich war ich, als ich mitten in den Karpaten ein Grundstück fand, das mir geeignet erschien. Ringsum war genügend Platz für Spiel und Sport. Leider lag es in der Nähe der Sommerresidenz einer führenden Persönlichkeit. Als wir mit dem Bauen beginnen wollten, legte diese Widerspruch ein. Er wurde ihr gewährt. Doch dann nahm sich auf unser intensives Beten hin Gott selber dieser Sache an. Nach vielen Monaten, in denen alle unsere Bemühungen ins Leere gelaufen waren, bekamen wir schließlich grünes Licht. Vor allen Dingen war es Pfarrer Wurmbrand, der uns Mut für diese Aufgabe machte. Er selbst hatte früh seine Eltern verloren und wusste um die tragische Geschichte eines elternlosen Kindes. Zur Unterstützung meldete sich ein rumänisches Ehepaar. Beide waren Christen und hatten schon zurzeit Ceausescus bedrohte Kinder bei sich aufgenommen. Pedro und Marta Teodorescu zeigten ein Herz für unser Anliegen. Auf einer Reise nach Holland kamen sie beide auch zu mir nach Deutschland, und in unserem Wintergarten in Marburg wurden nun Pläne geschmiedet und Bauentwürfe gezeichnet. Das Kinderheim sollte den wunderschönen Namen *Agape* erhalten, was so viel wie ‚göttliche Liebe' bedeutet.

Heute leben darin etwa 40-50 Heimkinder. Dazu kommen noch 70 Tageskinder und eine große Schar von Kindergartenkindern. Insgesamt bevölkern 200 Kinder das Gelände. Wichtig ist uns auch, dass diese uns anvertrauen jungen Menschen später eine Ausbildung absolvieren und einen Beruf ergreifen und so tüchtig gemacht werden, das Leben zu bewältigen und auf eigenen Füßen zu stehen. Neben handwerklichen Berufen können auch erfreulicherweise manche Kinder die höhere Schule besuchen. Fünf von ihnen studieren an einer Universität. Meinen Mitarbeitern und mir ist es ein wichtiges Anliegen, dass die Kinder ein warmes, wohliges Zuhause bei uns finden. Sie sollen aber auch die wunderbare Botschaft von Jesus hören und die Gottesdienste besuchen. Er ist der größte Kinderfreund. Unter seinem Segen darf ein solches Heim aufblühen. Das wird uns bei jedem Weihnachtsfest neu bewusst, wenn wieder ein großer Transporter mit Liebesgaben südostwärts nach Rumänien anrollt."

Agape soll weiterleben und den Kindern zu einer wahren Heimat werden. Spenden werden dringend gebraucht, nicht nur zur Weihnacht.
Kinderheim Agape Rumänien e.V., Konto 30 000 666 58, BLZ 800 530 00, Sparkasse Burgenlandkreis

Der Hahnenschrei

Es ist eine bedrohliche Situation, der sich Petrus ausgesetzt sieht. Gemeine, voller Hohn lachende Gesichter schauen ihn an und verdächtigen ihn. Petrus muss sich gegen einen Knecht des Hohenpriesters wehren. „Was willst du von mir? Du sagst, ich solle zu Jesus gehören, zu dem Mann, der gerade im Palast verhört wird? Ich kenne diesen Menschen nicht. Bei Gott, mit ihm habe ich nichts zu tun." Zuvor hatte ihn schon eine Magd als den Mann erkannt, der auch zu Jesus gehörte. Und Petrus hatte dies heftig abgestritten und sich verteidigt: „Wie kommst du dazu, mich zu beschuldigen? Was willst du eigentlich von mir? Ich kenne Jesus nicht." Und noch einer von den Dienern des Hohenpriesters klagte ihn an: „Das ist der, der auch zu diesem Jesus gehört."

Petrus aber wehrte ihn mit dem Hinweis ab: „Ich weiß nicht, wovon du redest." Kaum hatte er diesen Satz zu Ende gesprochen, da krähte auch schon der Hahn. Jesus aber wandte sich seinem Jünger aus der Ferne zu und sah ihn mit einem traurigen Blick an. Nun verklagten ihn die Worte Jesu, mit denen sein Herr ihn gewarnt hatte: *„Simon, Simon, siehe, der Satan hat dein begehrt. Er will dich sichten wie den Weizen. Ich aber habe für dich gebetet, dass dein Glaube* *nicht aufhöre. Und wenn du dich dereinst bekehrst, dann stärke deine Brüder."*

Was will dieser mahnende Blick Jesu seinem Jünger sagen? Er ist über die Untreue seines Nachfolgers zutiefst erschrocken und zeigt doch großes Erbarmen mit ihm, dem Abtrünnigen. Auch Petrus empfindet die Liebe seines Meisters, der ihn nicht einfach loslassen und ins Verderben rennen lassen will. Ja, Jesu Blick hat Petrus bis ins Herz getroffen. Er verlässt den Hof des Hohenpriesters, geht hinaus in die Einsamkeit und fängt bitterlich an zu weinen.

Das Verhalten Jesu ist einmalig und bewundernswert. Er selbst geht einem schrecklichen Schicksal entgegen, er weiß, dass der Weg zum Kreuzestod vor ihm liegt. Und doch behält er ein besorgtes Auge auf Petrus, der ihn verraten hat. Diese Situation des Verrats von Petrus ist fatal, aber führt den Jünger nicht ins äußerste Verderben, weil die Liebe seines Meisters in ihm Buße bewirkt. Doch den Hahnenschrei wird Petrus noch lange in seinen Ohren vernehmen. Er wird ihn nicht so schnell vergessen können.

Der große Komponist Johann Sebastian Bach hat in seiner Johannespassion einen tiefgreifenden und bewegenden Choral vertont:

> Petrus, der nicht denkt zurück,
> seinen Gott verneint,
> der doch auf den ersten Blick
> bitterlich jetzt weint.

Jesu, blicke mich auch an,
wenn ich nicht will büßen.
Wenn ich Böses hab getan,
rühre mein Gewissen.

Aus diesem Lied darf auch ich Zuversicht und Mut gewinnen, wenn mich meine Schuld bedrückt. Aber den Hahnenschrei werde ich lange nicht los. Auch wenn ich zur Beichte gehe und meine Sünde bekenne, weiß ich um diesen Schrei, der mich daran erinnert: Verloren wärst du, hätte dein Herr nicht für deine Schuld mit seinem Leben bezahlt. Auch mich will Jesus nicht von sich stoßen, sondern gewährt mir den liebenden, barmherzigen Blick. Ich will dies an einigen Beispielen deutlich machen.

Der erste Hahnenschrei

In dem Dorf, in dem ich mit meinen Eltern wohnte, kam im Sommer der Eismann mit seinem Wagen angefahren, und seine Glocke war nicht zu überhören. Von allen Seiten strömten vor allem die Kinder herbei und ließen sich das Eis schmecken. Ich stand am Fenster und sah das frohe, genüssliche Treiben. Die Versuchung war groß und riss mich in die Schuld. Auf dem Küchentisch lag Mutters Geldbörse. Ich selbst besaß keinen Pfennig, um mir mein Begehren zu erfüllen. Ich war arm wie eine Kirchenmaus. Taschengeld gab es für mich nicht. Ich nahm mir einen Groschen heraus und eilte schnell vor das Haus. Gerade erwischte ich noch den Eismann und kaufte eine Kugel. Halb hatte ich das Himbeereis schon gelutscht, da traf mich der Hahnenschrei. „Lotte, du hast deine Mama bestohlen." Ich habe dann noch den letzten Rest gegessen, aber geschmeckt hat er mir nicht. Ich legte mir selbst in dieser Stunde eine Strafe auf und gönnte mir mehrere Jahre bis weit in mein Studium hinein kein Eis mehr. Mir tat meine Schuld sehr leid, denn ich war damals schon Christ. Doch ich habe nicht den Mut gefunden, meine Mutter um Verzeihung zu bitten. Auch wenn ich weiß, dass Jesus mir meine Sünde vergibt, ist mir doch die hässliche Erinnerung an den Sommer 1950 geblieben.

Der zweite Hahnenschrei

Von einem rumänischen Gastarbeiter hatte ich einen Brief erhalten mit der Bitte, ich möchte ihm doch für seine Frau ein Medikament schicken. Sie sei schwer herzkrank, und unter Ceausescu gab es kein Heilmittel, das er hätte kaufen können. Herrn Dobrinski hatte ich in Marburg kennengelernt, als er in unserer Universitätsstadt mit seinem Bautrupp ein Heizwerk errichtete. Ich las das Anliegen dieses Vorarbeiters, wusste aber nicht, wo ich das Medikament hätte besorgen können. Es war attestpflichtig. Ich würde viel Mühe haben, um diesem Rumänen seine Bitte zu erfüllen. Von Arzt zu Arzt hätte ich laufen müssen und ihn anflehen. So ließ ich den Brief einfach in einer Schublade verschwinden. Die herzkranke Frau musste weiter leiden.

Jahre später erlitt ich in Süddeutschland einen schweren Unfall. Meine Schulter war mehrfach gebrochen. Ein Krankenwagen brachte mich vor Ort in eine Klinik. Dort lag ich zunächst drei Tage in meinem Bett und litt höllische Schmerzen. Die jungen Ärzte – sie kamen aus Polen, dem Baltikum und der Türkei – wussten nicht, wie sie diesen schwierigen Knochenbruch operieren sollten. Eigentlich hätten sie mich in eine Spezialklinik überweisen müssen, aber sie wagten diese riskante Operation, und sie misslang. Ein halbes Jahr später musste ich von Fachärzten noch einmal unter das Messer. Als ich nach meinem Sturz drei Tage böse Qualen zu erdulden hatte, hörte ich den Hahnenschrei erneut. Ich musste an die junge rumänische Mutti denken, der ich leichtsinnigerweise die Hilfe für ihre Herzerkrankung verweigert hatte. Zumindest hätte ich mich bei bekannten Ärzten oder Apotheken auf die Suche begeben müssen. Vielleicht hätte ich dieser Mutter helfen können. Der Hahnenschrei klang mir schrill und anklagend in den Ohren.

Der dritte Hahnenschrei

Meine Eltern hatten mir den Auftrag erteilt, ich sollte ein Paket an die Bahn bringen und es von dort für meine Schwester nach Wendlingen schicken. Kleider, Schuhe, ein Kuchen, Süßigkeiten und noch andere wertvolle Dinge waren darin verpackt. Ich füllte am Schalter ein Formular aus. Da ich wusste, dass bei einheimischem Obst und Gemüse das Porto billiger war, schrieb ich dies als Inhaltsangabe auf den Bogen. Erst nach Tagen hörte ich wieder den Hahnenschrei: „Lotte, du hast die Bahn betrogen. In dem Paket waren keine Äpfel, Pflaumen, Bohnen oder Gurken." Ich ging zu meinem Jugendleiter, bekannte vor Gott meine Schuld und löste dann auf dem Bahnhof für diesen zu wenig bezahlten Betrag eine Fahrkarte. In einem stillen Winkel auf Bahnsteig vier zerriss ich sie und bat dabei Gott um Verzeihung. Auf diese Weise habe ich der Bahn wenigstens keinen Schaden zugefügt.

Wie dankbar bin ich meinem Herrn für die Vergebung, die er mir zuspricht. Wenn ich meine Schuld vor Gott und Menschen bekannt habe, dann mag der Hahn noch so laut krähen. Ich höre seinen Schrei wohl, aber ich muss mich nicht mehr schuldig sprechen lassen. Jubelnd darf ich singen:

Welch Glück ist's, erlöst zu sein
Herr, durch dein Blut.
Ich tauche mich tief hinein in diese Flut.
Von Sünd und Unreinigkeit bin ich hier frei
und jauchze voll seliger Freud:
Jesus ist treu!
O preist seiner Liebe Macht, die uns erlöst!

Wie ich zum Schreiben kam

Öfter werde ich gefragt: „Frau Bormuth, wann haben Sie begonnen, Bücher zu schreiben? Gab es irgendeinen Anlass dazu?"

Darauf kann ich nur antworten: „Ja." Der Grund schriftstellerisch tätig zu werden, wurde durch ein schreckliches Unglück verursacht, von dem unsere Familie betroffen wurde. Vor etwa 40 Jahren ereignete sich in Guntershausen in der Nähe von Kassel ein schweres Eisenbahnunglück. Der Interzonenzug fuhr auf einen Intercity auf. Im letzten Wagen saß meine jüngere Schwester. Sie war in Kassel zu einem Lehrgang gewesen und befand sich nun auf der Heimfahrt nach Bebra. In einer Stunde würde sie wieder bei ihrer Familie sein und am Abendbrottisch sitzen. Aber es kam alles anders. Plötzlich prallte ein Zug auf einen zweiten. Alle 14 Reisende in den letzten Abteilen fanden den Tod. Nur meine Schwester überlebte als Einzige dieses Zugunglück. Aber sie war schwer verletzt. Mit Schneidbrennern wurde sie aus dem Wrack herausgeschweißt. Ein Hubschrauber brachte sie ins Stadtkrankenhaus nach Kassel. Dort sollten ihre beiden Beine, die total abgequetscht waren, amputiert werden. Sie war schon auf dem Weg in den Operationssaal. Man hatte auch den Chefarzt geholt, und er ordnete an, erstmal die offenen Wunden und sonstigen Brüche zu behandeln. Er war der Hoffnung, dass durch Transplantationen und Hautverpflanzungen vielleicht doch noch die Beine erhalten werden könnten. So wurde sie in den drei folgenden Jahren 36-mal operiert. An ihr war fast nichts mehr heil geblieben. Wunden über Wunden bereiteten ihr entsetzliche Schmerzen. Ein Bein wurde nach zwei Jahren am Oberschenkel amputiert, und das andere in einen Schienenhülsenapparat gelegt. Die Ärzte hofften, dass sich die Knochen doch noch zusammenfügen würden. Aber leider hat sich diese Hoffnung nicht erfüllt. Nur noch in einem Rollstuhl kann sie sich seitdem in ihrer Wohnung fortbewegen. Dreimal feierte sie Weihnachten in der Klinik, bis sie dann mit noch eiternden Verletzungen und entsetzlichen Schmerzen nach Hause entlassen werden konnte. Noch zwei Jahre musste sie das Bett hüten, ehe die letzten Wunden verheilt waren.

An dem Tag, als das Unglück geschehen war, rief mich abends mein Vater an und sagte nur kurz: „Grete ist schwer verunglückt. Sie liegt in Kassel in der Klinik." Dann versagte ihm die Stimme, und er legte den Hörer auf. Meine Schwester war noch so jung, 35 Jahre alt. Sie war verheiratet und hatte zwei noch kleine Kinder. In dieser schlimmen Zeit hat unsere Familie eng zusammen gehalten. Vor allen Dingen meine Mutter hat Großes geleistet. Sie übernahm das Kochen, die Wäsche und Teile der Gartenpflege in der Familie meiner Schwester über mehr als fünf Jahre.

Meine jüngste Schwester – sie ist Ärztin – stand Grete tagsüber bei. Ich fuhr in den ersten Wochen nach dem Unfall jeden Abend um 19 Uhr nach Kassel, wachte an ihrem Bett und morgens nahm ich gegen halb sechs den Zug zurück nach Marburg. Diese ständige Betreuung in den ersten Wochen war wichtig, denn meine Schwester brauchte diesen Beistand der Familie. Sie hatte wahnsinnige Schmerzen zu ertragen. Alle zwei Stunden mussten ihre Wunden an Armen, Beinen, Rippen und am Kopf verbunden werden. Laut hat sie geschrien, wenn die Verbände, die durch den Eiter an den verletzten Gliedern festgeklebt waren, erneuert wurden. Ich musste während dieser Prozedur vor der Tür warten, bis die Ärzte und Schwestern mit ihrer Behandlung fertig waren. Manchmal packte mich die Angst so sehr, dass ich in ein anderes Stockwerk flüchtete, um die Schreie meiner Schwester nicht mitanhören zu müssen. In dieser Zeit wäre Grete gerne gestorben, aber Gott wollte, dass sie am Leben blieb. Manchmal musste ich ihr aus dem Lied „Befiehl du deine Wege" von Paul Gerhardt die folgende Strophe vorsingen:

Mach End, o Herr, mach Ende mit aller unsrer Not;
stärk unsre Füß und Hände und lass bis in den Tod
uns allzeit deiner Pflege und Treu empfohlen sein,
so gehen unsre Wege gewiss zum Himmel ein.

Einmal kam ich nach einer solch schweren Nacht morgens gegen halb sieben heim und hätte jetzt eigentlich schlafen müssen. Aber ich fand keine Ruhe. Ich war verzweifelt. Schwere Gedanken quälten mich. Da setzte ich mich an den Schreibtisch und brachte alle notvollen Erfahrungen dieser Nacht zu Papier. Ich musste mein Inneres entlasten und meiner Not Worte geben, sonst wäre ich an der Qual dieses bedrohlichen Geschehens zugrunde gegangen.

Das entsetzlichste Erleben war der Tag vor der Amputation. Zwei Jahre lang hatte meine Schwester um ihre Beine gekämpft und eine Reihe von schwierigen Operationen wie z. B. Knochentransplantationen und Hautübertragungen über sich ergehen lassen. Doch dann war alles umsonst.

„Ich aber schreie zu Gott" war meine erste Geschichte, die ich niederschrieb. Aber an eine Veröffentlichung dachte ich nicht. Es war meine Freundin, der ich meine Gedanken zu lesen gab. Sie ermutigte mich: „Lotte, das ist druckreif, was du da geschrieben hast." Sie selbst schickte dann diesen Bericht an einen Verlag. So stieg ich in die Schriftstellerei ein. Ich wurde daraufhin gebeten, mehr zu schreiben, und schon ein Jahr später erschien mein erstes Buch „Ich staune über Gottes Führung". Innerhalb von vier Monaten war die erste Auflage verkauft und inzwischen ist es 15-mal neu aufgelegt worden. Das Buch wurde ein Bestseller. Dem Geschehen im Alltag Worte zu verleihen, entlastete mich und machte mir Freude. Es veränderte auch mein Leben total. Ich war überrascht, als ich plötzlich Einladungen zu Frühstückstreffen, Bibelfreizeiten und Seniorennachmittagen erhielt. Mit großen Ängsten fuhr ich oft zu diesen Vorträgen. Vom Kochtopf weg an das Rednerpult gerufen zu werden war eine Herausforderung, die mich hat zittern lassen. Tüchtig habe ich arbeiten müssen, bis ich die eingeforderten Themen unter Dach und Fach hatte. Ganz neu lernte ich das Beten um Weisheit und um schöpferische Gedanken.

Einmal musste ich auf einer großen Pädagogentagung einen Vortrag zum Thema „Der Umgang mit selbstmordgefährdeten Menschen in ihren Krisen" halten. Ich saß vorn in der ersten Reihe neben anderen Referenten. Es waren Prediger, Lehrer, Doktoren, Professoren und sogar ein Bischof war gekommen. Und daneben hockte ich, die Hausfrau und Mutter von fünf Kindern, Lotte Bormuth. Mir kam zugute, dass ich 25 Jahre Mitarbeiterin in der Telefonseelsorge gewesen war und gerade zum Problem Suizid wichtige Erfahrungen gemacht hatte. Mein Manuskript hatte ich wörtlich ausgearbeitet und auswendig gelernt. Und doch überfiel mich starke Angst. Nur gut, dass das Vortragspult meine zitternden Knie verbarg. Gott war mir sehr gnädig. Er bewahrte mich vor Versprechern und ich blieb auch nicht mitten in einem Satz stecken. Im Anschluss an diese Veranstaltung kamen einige Teilnehmer und schütteten ihr Herz bei mir aus. Ich konnte gemeinsam mit ihnen ihre Nöte vor

Gott bringen. Mut zum Leben wurde mein wichtigstes Thema, und ich bin so dankbar, dass mir die Bibel bis heute dazu die rechte Grundlage gibt. Eines meiner Lieblingsworte steht in Johannes 16,33: *„In der Welt habt ihr Angst; aber seid getrost, ich habe die Welt überwunden, spricht Christus."*

Aber wer den Sprung in die Öffentlichkeit wagt, ist auch oft heftiger Kritik ausgesetzt. Manchmal ist sie sogar böse und niederträchtig. Ich wurde mitunter belächelt, wenn ich mit zwei Koffern voller Bücher anreiste. Ein Pfarrer fragte mich einmal vor meinem Vortrag mit ironischem Unterton: „Na, Frau Bormuth, glauben Sie wirklich, dass jemand in dieser Veranstaltung von hohem Niveau Interesse an Ihren Geschichtchen hat?" Mir wollte der Mut entfallen, und ich dachte im Stillen: Hätte ich mich bloß nicht mit meinen Büchern abgeschleppt. Aber am Ende der Konferenz konnte ich mit leichtem Gepäck nach Hause fahren. Die Bücher waren fast alle verkauft. „O Gott", betete ich im Zug, „wie wunderbar hast du mir geholfen. Danke, danke", und mit einem leichten Schwung schubste ich die Koffer ins Gepäcknetz.

Mein Beginn als Autorin und Referentin hat einigen Staub aufgewirbelt. Einmal sagte der Direktor einer Missionsgesellschaft: „Frau Bormuth, hören Sie auf mit Ihren Geschichten. Das Schreiben müssen Sie anderen überlassen, die darin Profis sind." Ich musste ihm Recht geben; denn erprobt war ich wirklich nicht. Aber ich habe selbst immer viel gelesen und eifrig gearbeitet, und so fanden meine Bücher viele Leser, weil sie lebendig, lebensnah und authentisch geschrieben sind. Menschen und ihre Schicksale interessieren mich. Ich habe selbst die Wohltat durch die Beichte und das Gespräch mit Seelsorgern erfahren dürfen, und mir wurde dadurch in meinem Glaubensleben geholfen. Wie oft habe ich meine Sorgen und Ängste vor anderen reifen Christen offen aussprechen können und gewann Zuversicht und neuen Mut. So sehe ich heute die Dringlichkeit, für die Nöte der Menschen einzutreten, für sie zu beten und sie zu trösten. Meine größte Freude erlebe ich immer dann, wenn Zuhörer zu einem Gespräch kommen und bereit werden, ihr Leben an Christus auszuliefern. Bis heute sind das Höhepunkte in meinem Dienst. Wenn ich diesen Christen dann nach Jahren begegne und sie im Glauben stark geworden sind, kann ich nur fröhlich ausrufen: „Praise the Lord!" (Preist den Herrn!) So ist mein Leben reich, sehr reich sogar, und ich danke meinem Herrn für seine wunderbare Treue. Inzwischen habe ich über 90 Bücher geschrieben. Wie viele Vorträge und Bibelarbeiten ich gehalten habe, kann ich nicht sagen. Noch immer darf ich mit meinem Mann unterwegs sein und Zeugnis für meinen Herrn ablegen.

Von der Freude

„Freuet euch in dem Herrn allewege!" (Philipper 4, 4).

In einem recht vergilbten und etwas zerfledderten Andachtsbuch aus dem Jahr 1937 fand ich eine kurze Bibelarbeit von Pastor Wilhelm Busch zu diesem Text. Sie hat mir Mut gemacht:

> „Ist das denn nicht zu viel verlangt? Es gibt doch graue Alltage, an denen man nur Ärger und Verdrießlichkeiten kennt. Da bedrängen uns Notzeiten voll düsterer Sorgen. Anfechtungen machen uns schwer zu schaffen. Kann man sich da noch freuen? Als Paulus das Wörtlein *allewege* schrieb, hat er da auch bedacht, was er da aufs Papier brachte? Aber es steht nun einmal so in der Bibel.
> Es ist kein Druckfehler und gehört ganz klar dort hinein. Paulus hat es nicht leichtfertig geschrieben. Um ihn her war es unheimlich dunkel. Er war Gefangener in Rom. Es war noch nicht einmal sicher, ob sein Prozess nicht zu einem Todesurteil führen würde. In einer solchen Lage schreibt man nicht oberflächlich: ‚Freut euch allewege!' Nein, das Wort gilt! Es sagt uns: Keine Nacht ist so dunkel, dass uns nicht der Stern der Gnade Gottes in Jesus anstrahlte. Kein Tal ist so tief, dass wir nicht das

Kreuz sehen könnten und daran den, der uns zuruft: *‚Fürchte dich nicht, denn ich habe dich erlöst!'* Kein Alltag ist so erbärmlich, dass nicht der Herr selbst da wäre, der die Welt überwunden hat. Keine Lage ist so verloren, dass Jesus sie nicht retten könnte. Darum gilt: *‚Freuet euch in dem Herrn ALLEWEGE!'*

Und von seinem Bruder Johannes Busch wurde mir berichtet, wie er einmal in eine schreckliche Traurigkeit fiel. In Stuttgart fand wohl der erste evangelische Kirchentag nach dem Zweiten Weltkrieg statt. In dieser Stadt sah es trostlos aus. Der größte Teil der Häuser war zerbombt, und die Straßen waren weithin mit Geröll bedeckt. Es gab nur einige wenige Trampelpfade durch die Aschen- und Schutthalden. In einem stark zerstörten Schloss sollte er predigen. Die Mitarbeiter hatten in die ausgebrannten Fenster Fackeln gestellt. Sie sollten etwas Licht in die Düsternis bringen. Aber diese Flammen ließen die zertrümmerten Mauern nur noch gespenstischer erscheinen.

Johannes Busch war es nicht nach *„einem freudigen Auftun seines Mundes"* zumute, wie es in der Heiligen Schrift heißt. Vor ihm humpelte ein Soldat in die Halle und suchte nach einem Platz. Der junge Mann mühte sich gequält an zwei Krücken vorwärts, weil ihm im Kampf gegen die Russen ein Bein abgeschossen worden war. Es musste am Oberschenkel amputiert werden. „Komm Bruder", sprach Busch den ehemaligen Kriegsteilnehmer an, „wir zwei sind heute Morgen elend dran. Lass uns erst einmal innerlich zur Ruhe finden. Wir wollen beten." Dann gingen die beiden in einen stillen Winkel und falteten die Hände. Beide brauchten in ihrer misslichen Lage die starke Ermutigung von Gott. Der Soldat, weil er als junger Mensch zum Krüppel geworden war, und Johannes Busch, weil wenige Wochen zuvor seine Frau gestorben war. Fünf Kinder blieben als Halbwaisen zurück. Nachdem sich der Pfarrer und der schwer verwundete Soldat durch das gemeinsame Gebet gestärkt hatten, trat Pfarrer Busch an eine notdürftig errichtete Kanzel und rief laut in die Menge hinein: „Meine lieben Schwestern und Brüder in Gott! Es wird mir nicht leicht, euch jetzt das frohe Wort der Bibel zu verkündigen. Mein Herz ist mir schwer. Jeden Morgen, wenn ich meine Kinder wecken muss und an ihre Bettchen trete, will ich fast verzweifeln. Durch eine entsetzliche Krankheit habe ich meine Frau und die Mutter meiner fünf Kinder verloren. Aber dann nehme ich alle meine Kräfte zusammen und singe laut das Lied:

Weicht, ihr Trauergeister,
denn mein Freudenmeister
Jesus tritt herein.
Denen, die Gott lieben,
muss auch ihr Betrüben
lauter Freude sein.

Duld ich schon hier Spott und Hohn,
dennoch bleibst du auch im Leide,
Jesu, meine Freude.

So gewinne ich neu das Vertrauen zu meinem Herrn. Er wird mich mit meiner großen Kinderschar nicht zuschanden werden lassen, sondern wird sich als der liebende Vater der Witwer und Waisen erzeigen. Dann kann ich getrost meine Lieblinge wecken und sie auf den Weg in die Schule bringen. Das Wort aus dem Philipperbrief erweist sich für mich als Kraftquelle, und ich muss meinem Herrn Recht geben: *„Freuet euch in dem Herrn ALLEWEGE!"*

Gorch Fock – in Gottes Hand geborgen

Am Strand der Nordsee stand öfter ein kleiner Bub und schaute dem Spiel der Wellen zu. Am meisten aber interessierten ihn die Schiffe, die stolz auf den Wogen dahin fuhren. Für ihn stand sein Beruf schon früh fest: „Ich werde Matrose und will dann auf einem Dampfer die halbe Welt umfahren." Das war sein Ziel. Sein Vater war Fischer und hatte seinen kleinen Hans schon öfter zum Fischfang mit auf das Meer genommen. Nichts Schöneres hätte es für den Jungen geben können, als auf einem Schiff die Schönheit der Ozeane, die angrenzenden Länder und die Inseln kennenzulernen. Aber leider konnte sich Hans diesen Traum nicht erfüllen. Für den Seemannsberuf sei er zu schwach. Es war für ihn ein bitterböser Tag, als ihm das klipp und klar gesagt wurde. So musste er nach seinem Schulabschluss den Beruf des Kaufmanns erlernen und begann eine Lehre in Hamburg. Er verließ sein Elternhaus und zog in diese fremde Stadt. Aber er blieb mit Vater und Mutter innig verbunden. Zuhause hatte ihn vor allem seine Mutter in die Beziehung zu Gott gebracht. Sie war zwar arm an irdischen Gütern, aber reich im Glauben an den allmächtigen Schöpfer. Wie schön waren vor allem die Stündchen am Feierabend, wenn er auf Mutters Schoß saß und sie ihn in den Reichtum der biblischen Geschichten einführte.

Als er sich nun in der Fremde sein Brot verdienen musste, packte ihn oft das Heimweh. Die Sehnsucht nach dem Meer war kaum zu stillen. Wie gerne wäre er mit seinem Vater im Boot hinaus gerudert, um ihm beim Fischfang zu helfen. Erst als Vierundzwanzigjähriger kehrte er in seine Heimat zurück.

Als er Angestellter der Hamburg-Amerika-Linie war, nutzte er seine Freizeit und schrieb spannende Erzählungen. So entstand das Buch: „Seefahrt ist Not" und ein Gedichtband „Sterne überm Meer". Bedrohlich für seinen Glauben wurde die Zeit, als ihm der Einfluss der Mutter fehlte. An ihre Stelle traten Menschen, die seine Liebe zu Gott in eine Schieflage brachten. Den letzten Anstoß dazu lieferte ihm eine Nordlandfahrt. Er war so überwältigt von der Schönheit der Natur und dem gewaltigen Himmelszelt mit seinen Millionen von Sternen, dass er nicht mehr an Jesus den Gekreuzigten glauben konnte, sondern der Meinung war, die alten germanischen Götter seien dem nordischen Menschen gemäßer. In einem Brief schrieb er einmal: „Ich stecke noch tief im Heidentum und glaube nicht mehr an Gott Zebaoth. Mein Zion ist Walhall, das hehre, und Wotan ist mein Herr und Gott."

Er war der Meinung, dass der deutsche Gott immer Donars Hammer tragen müsse. Aber dann brach der

Erste Weltkrieg aus, und Gorch Fock wurde als Infanterist eingezogen. Die Grausamkeit auf dem Kampffeld erschütterte den jungen Dichter. Er sah in tiefe Abgründe hinein und verstand die Menschen und die Welt nicht mehr. Es waren gerade die blutigen Auseinandersetzungen an der Front und das grauenvolle Leid, durch die er dem Glauben seiner Mutter wieder näherkam. Das Vertrauen zu Gott, das ihm in seiner Kindheit zu eigen war, wurde in ihm wach. Er schrieb an seine Frau: „Ich bin wieder ein neuer Mensch geworden. Wie freue ich mich über die große göttliche Gnade und meine köstliche Wiedergeburt. Ich weiß nicht, wohin Gott mich führt, aber ich weiß mich in seiner Macht geborgen. Diese Gewissheit schließt auch dich, meine liebe Frau, und euch, meine geliebten Kinder, mit ein und macht mich getrost. Die ewige Liebe Gottes greift schicksalhaft in mein Leben ein, und so sehe ich der Zukunft ohne Angst entgegen."
In einem Feldgottesdienst wurde ihm das Wort aus Matthäus 16,26 überaus wichtig: *„Was hülfe es dem Menschen, wenn er die ganze Welt gewönne und nähme doch Schaden an seiner Seele."* Dieser Vers begleitete ihn fortan in den wirren Kämpfen und Strapazen. Nie mehr wollte er zu den alten Götzen zurückkehren.

In seinem Tagebuch findet sich eine bedeutsame Eintragung: „Das schönste dieses Tages: Ich habe ein Neues Testament gefunden und nehme es mit." Auch vor seinen Kameraden bekannte er sich zum christlichen Glauben und in einem Vortrag vor seiner Kompanie sagte er einmal: „Den größten Segen des Krieges haben die erfahren, die sich von ihm zu Gott führen ließen. Es hat im Felde doch so mancher Zeit für das gehabt, für das er in der Heimat vor Geschäften und Vergnügungen, vor Künsten und Wissenschaften keine Zeit aufzubringen vermochte, nämlich für Gott." Da erwuchs ihm mitten in der Furcht und mitten in der größten Gefahr allmählich ein starker Glaube. Er erkannte, dass sein Leben weder von einem Zufall abhänge noch von dem geübten Auge eines sibirischen Pelzjägers oder serbischen Gebirgsbauern, sondern einzig und allein von dem Willen dessen, ohne den kein Sperling vom Dach fallen kann. Und so kam er dazu, langsam die Furcht in sich zu ertöten. Eine tapfere Furchtlosigkeit erwuchs in ihm, die ihn erst zum Soldaten machte. Er war kein Blatt mehr, das der Weltensturm planlos über die Erde wehte, sondern ein Mensch, der seinen gewissen Weg ging und Herr seiner selbst blieb, weil er sich auf die Seite zu Gott geschlagen hatte. Immer wieder betete Gorch Fock: „Gott, führe mich den rechten Weg, auf dem meine Seele keinen Schaden nimmt." Und dann erlebte er es noch, dass sein größter Wunsch in Erfüllung ging. Er wurde Matrose. Mit dem Kreuzer „Wiesbaden" fuhr er nun auf den Meeren dieser Welt.

In der Schlacht bei Skagerrak muss sich aber ein schrecklicher Unfall ereignet haben. Gorch Fock wurde plötzlich vermisst. Nach nur wenigen Wochen wurde seine Leiche an die Küste Schwedens gespült.

In seinem Tagebuch fand man dann folgende Notiz: „Jener deutsche Matrose hatte recht, der seiner Mutter schrieb: ‚Und wenn du hören solltest, dass unser Kreuzer versunken und niemand gerettet sei, dann weine nicht. Das Meer, in das mein Leib versinkt, ist auch nur die hohle Hand meines Heilands, aus der mich nichts reißen kann.'"

Anfechtung und Trost

„Schön, dass wir uns hier im Park begegnen, Frau Bormuth. Ich glaube, Gott hat Sie mir in den Weg geschickt. Ich komme gerade vom Friedhof, und nach so langer Zeit macht mir der Tod meines Babys noch immer zu schaffen. Vielleicht ist es für Sie und mich angenehmer, wenn wir uns setzen. Dort drüben steht eine Bank." Und schon steuerten wir auf sie zu. „Da wir ja von Marburg fort gezogen sind, komme ich nur noch selten hierher. Aber mein erster Gang, wenn wir hier in dieser Stadt Freunde besuchen wollen, ist der Weg ans Grab meines Sebastians. Eigentlich hätte die Grabstätte schon länger eingeebnet werden müssen, aber die Friedhofsverwaltung teilte uns mit, es sei vorläufig kein weiterer Bedarf an Kindergräbern, und so dürfen wir das Grab noch weiter pflegen. 41 Jahre sind inzwischen ins Land gegangen, aber die Erinnerung an unseren Liebling ist mir geblieben. Ich war ja so glücklich, als unser Sohn geboren wurde. Er war das schönste Baby auf der Entbindungsstation. Aber sagen das nicht alle Mütter von ihren Neugeborenen?

Frau Bormuth, mir ging es nach der Geburt sehr gut, und mit einem gesunden Säugling auf dem Arm verließ ich die Klinik. Leider dauerte meine Freude über unseren süßen Schatz nur vier Wochen an. Plötzlich wollte das Kind nicht mehr richtig trinken. Es schlief an meiner Brust schon nach kurzer Zeit ein. Die Folge war eine rapide Gewichtsabnahme. Außerdem stockte manchmal sein Atem. Ich ging mit Sebastian zum Kinderarzt, der mich sofort in eine Spezialklinik einwies. Unser Liebling litt an einem Herzfehler, der nicht mehr zu operieren war. Die Diagnose hat uns in schreckliche Angst versetzt. Vorsichtig versuchten die Mediziner uns darauf vorzubereiten, dass unserem Sebastian keine lange Lebenserwartung beschieden war. Es kam, wie es kommen musste. Ein Vierteljahr später trugen wir unser Kind zu Grabe. Ich glaube, es gibt kein entsetzlicheres Leid, als wenn Eltern ihr Kind verlieren. Noch immer trage ich den Schmerz in meiner Brust, wenn ich an die langen Nächte denke, da unser Baby um Luft rang. Welch eine Qual! Ich war verzweifelt und geriet in eine tiefe Glaubenskrise.

Warum durften wir unser Kind nicht weiter behalten? Es war doch gesund zur Welt gekommen.

Auch wenn ich im darauf folgenden Jahr wieder schwanger wurde und danach noch sechs Kinder das Licht der Welt erblickten, ist mir das Weh in meinem Herzen geblieben. Es ist gut, dass ich Sie, liebe Frau Bormuth, gerade jetzt getroffen habe. Nach einem Besuch des Gräbleins schafft es mir eine gewisse Erleichterung, wenn ich mir den Kummer von der Seele reden kann. Danach ist mir dann wohler. So, nun muss ich mich wieder auf den Weg nach Hause machen. Vielen Dank, dass Sie sich Zeit für mich genommen haben."

Auch mich haben die Worte meiner früheren Bekannten sehr bewegt. Der Tod eines Kindes ist wohl die härteste Anfechtung, die uns treffen kann. Das weiß ich aus eigener Erfahrung. Ich war elf Jahre alt, als ich auf der Flucht das Sterben meines Schwesterchens erleben musste. Es war überhaupt das erste Mal, dass ich mit dem Tod in Berührung kam. Er ist der schrecklichste Feind des Menschen. In solch einer Situation ist es auch schwierig, Trost auszusprechen.

Ich liebe die Psalmen in der Bibel, und heute Morgen bewegte mich in meiner „Stillen Zeit" Psalm 55:

Gott, höre mein Gebet und verbirg dich nicht vor meinem Flehen. Merke auf mich und erhöre mich, wie ich so ruhelos klage und heule, da der Feind so schreit und der Gottlose mich bedrängt; denn sie wollen Unheil über mich bringen und sind mir heftig gram.

Mein Herz ängstet sich in meinem Leibe, und Todesfurcht ist auf mich gefallen. Furcht und Zittern ist über mich gekommen, und ein Grauen hat mich überfallen. Ich sprach: O hätte ich Flügel wie Tauben, dass ich wegflöge und Ruhe fände! Siehe, so wollte ich in die Ferne fliehen und in der Wüste bleiben. Ich wollte eilen, dass ich entrinne vor dem Sturmwind und Wetter. Ich aber will zu Gott rufen, und der Herr wird mir helfen. Abends und morgens und mittags will ich klagen und heulen; so wird er meine Stimme hören.

In diesen beiden letzten Versen wird mir meine Hilfe aufgezeigt. Mir ist Martin Luther sehr nahe gekommen, als ich seine Worte las, die er beim Heimgang seiner Tochter Magdalene niedergeschrieben hat. Seinen tiefen Kummer, aber auch seinen Trost kann er zum Ausdruck bringen. Am 20. September 1544 starb die Dreizehnjährige. Magdalene war das dritte Kind von Käthe und Martin Luther, und ihre Geburt löste große Freude bei den Eltern aus; denn ein Jahr zuvor hatten sie ihr Töchterchen Elisabeth durch den Tod verloren. Dreizehn Jahre durften sie Lenchen, wie die Kleine genannt wurde, auf ihrem Lebensweg begleiten. Wunderschöne Erfahrungen durften sie mit ihr machen. Sie war ein frommes, gläubiges Kind. Schon früh mit zwei Jahren faltete sie ihre Händchen, wenn ihr Vater mit ihr die Zehn Gebote, das Vaterunser und das Glaubensbekenntnis betete. Mit Lenchen hatten die Eltern keine größeren Schwierigkeiten. So wurde sie für alle in der Familie ein rechter Liebling. Luther konnte sich nicht daran erinnern, dass sie ihn je in seinem Leben erzürnt hätte. Keiner hatte mit ihrem Tod gerechnet, als sie ernstlich erkrankte. Nach nur wenigen Tagen starb sie. Besonders die Mutter fühlte sich vom Heimgang ihres Töchterchens tief betroffen und in Gram versetzt. Luther wollte sie trösten und sagte zu ihr: „Liebe Käthe, unser Fleisch und Blut blutet zwar, aber bedenke doch, wo sie hin kommt. Du weißt, sie kommt ja wohl in den Himmel. Die Kinder disputieren nicht darüber, aber sie glauben daran. Bei den Kindern ist alles einfältig."

An ihrem Sterbebett klagte er: „Lieb hab ich sie sehr, aber du, lieber Gott, da es dein Wille ist, dass du sie dahin nehmen willst, will ich sie gerne bei dir wissen." Und dann fragte er seine Tochter: „Magdalenchen, mein Töchterlein, du bliebest gern hier bei mir, bei deinem Vater, und zögest gern zu jenem himmlischen Vater?" Da antwortete Lenchen: „Ja, herziger Vater, wie Gott will." – „Du liebes Töchterlein", sagte er da, und dann wandte er sich vom Bett ab, um seine Rührung zu verbergen. „Der Geist ist willig, aber das Fleisch ist schwach. Ich habe sie ja so sehr lieb. Ich wollte gerne meine liebe Tochter behalten, wenn sie mir unser Herrgott lassen wollte. Doch geschehe sein Wille. Ihr kann fürwahr nichts Besseres geschehen."

Als dann ihr letztes Stündlein schlug, kniete sich der Vater an ihrem Bett nieder, weinte bitterlich und betete, dass Gott sein Kind bald von den Todesqualen erlösen möchte. Dann erhob er noch einmal seine Stimme und rief ihr zu: „Zieh hin, zieh hin, meine Tochter!" Dann schloss das Kind für immer die Augen und wurde in einen Sarg gelegt. Und noch einmal sprach er ihr diese Worte zu: „Liebes Lenchen, wie wohl ist dir geschehen. Du wirst wieder auferstehen und leuchten wie ein Stern, ja wie die Sonne."

Leider war der Sarg zu klein für das Mädchen und Luther sagte: „Das Bettlein ist zu eng, aber ich bin fröhlich im Geist, nach dem Fleisch bin ich sehr traurig. Solch ein Abschied quält uns doch über alle Maßen. Es ist verwunderlich, sie sicher im Frieden zu wissen, und dass es ihr im Himmel dort gut geht, ja sogar herrlich geht, und doch so traurig zu sein."

Dann kam der Augenblick, dass der Sarg geschlossen wurde. Luther erhob noch einmal seine Stimme: „Schlagt nur zu, am Jüngsten Tag wird sie wieder auferstehen." Danach wurde der Sarg fort getragen. Zu denen, die ihm das Beileid aussprechen wollten, sagte er: „Es sollte euch lieb sein. Ich habe eine Heilige gen Himmel geschickt, eine lebendige Heilige. O hätten wir nur so einen Tod, einen solchen Tod wollte ich in dieser Stunde annehmen."

Noch am selben Nachmittag wurde Magdalene zur letzten Ruhe auf den Gottesacker getragen und beerdigt. Nachdem Luther vom Friedhof heimgekehrt war, sprach er aus, was ihn so stark bewegte: „Meine Tochter ist nun vollendet nach Leib und Seele. Wir Christen haben nun nichts zu klagen. Wir wissen, dass es so sein soll und muss, sind wir doch des ewigen Lebens aufs allergewisseste."

Thomas a Kempis

In der Oberstufe des Gymnasiums begann der Religionsunterricht immer mit einer kurzen Andacht. Pfarrer Rausch las uns ein Kapitel aus dem Buch „Von der Nachfolge Christi" vor und erläuterte mit nur wenigen Worten die Gedanken des Thomas a Kempis. Die Aussagen dieses Mönchs beeindruckten mich als Schülerin tief. Ihm ging es nicht darum, schriftstellerischen Ruhm zu erlangen, sondern nur auf die Herzensgespräche mit seinem Gott bedacht zu sein. „Christus in uns" war sein Anliegen, und seine kurzen Erläuterungen zu der Heiligen Schrift dienten ihm dazu. Viermal soll er die ganze Bibel abgeschrieben haben, da zu dieser Zeit die Buchdruckerkunst noch nicht erfunden war. Göttliche Wahrheiten taten sich vor seinem Innersten auf und zeigen heute noch seine wunderbare Vertrautheit mit Gottes Wort. Aus diesen unerschöpflichen Quellen nährte er seinen Geist. So ist sein Büchlein nicht so sehr der Lehre als dem Leben bestimmt. Er kannte das tiefe Gefühl von dem Verderben unseres Herzens, zugleich aber auch die Allmacht der göttlichen Gnade. Seine Liebe zu unserem Erlöser bewegte ihn zu seinem Tun. Ihm ging es darum, uns in den herrlichen Reichtum des Gottessohnes mit hinein zu nehmen. Mir persönlich wurden seine Worte zu einem großen Gewinn und haben mein Leben geprägt. So schrieb er in einem Gebet:

„Schenke mir, gütigster Jesus, deine Gnade, dass sie mit mir sei, mit mir arbeite und bis ans Ende bei mir beharre.

Gib, dass ich stets nur das verlange und will, was dir am angenehmsten ist und am meisten gefällt.

Dein Wille sei auch der meinige, und mein Wille folge immer dem deinigen und stimme vollkommen mit ihm überein.

Mein Wollen und Nichtwollen sei eins mit dem deinen; ja es sei mir unmöglich, etwas anderes zu begehren oder nicht zu begehren, als was du willst oder nicht willst.

Lass mich allem absterben, was in dieser Welt ist, und um deinetwillen gern verachtet und aller Welt unbekannt sein.

Gib mir, über allen Wünschen in dir zu ruhen und mein Herz in dir zu stillen.

Du bist der wahre Friede des Herzens, du allein die einzige Ruhe; außer dir ist alles drückend und beunruhigend.

In diesem Frieden, das ist in dir, dem einen höchsten und ewigen Gut, will ich schlafen und ruhen. (Psalm 4,9) Amen."

Wer war dieser besondere Gottesbote? Geboren wurde er 1380 in Kempen bei Köln. Seit er am 25. Juli 1471 die Augen schloss, sind über 500 Jahre vergangen. Aber sein Buch „Nachfolge Christi" hat bis heute seine Wirkung auch auf unsere Zeit nicht verloren. In viele Sprachen wurde es übersetzt und ist dadurch für ungezählte Menschen zum hilfreichen Wegbegleiter geworden. In einer Klosterzelle verfasste dieser Ordensbruder das Werk. Seine erbaulichen Schriften, die von einer schönen Schrift zeugen, sind ein Hinweis darauf, wie fleißig und strebsam er war.

In Deventer besuchte er mit 13 Jahren die Schule der „Brüder vom gemeinsamen Leben". Als er 19 Jahre alt war, trat er ins Kloster ein. Bei Zwolle auf dem Agnetenberg fand er seinen Aufenthaltsort bis zu seinem Lebensende. Hier schrieb er seine „Nachfolge Christi". Sie war nur für seine Ordensbrüder im Kloster gedacht. Seine Sprache ist schlicht und leicht verständlich, aber doch sehr innig. Ihm geht es darum, dass wir Menschen lernen, unserem Erlöser ähnlich zu werden. So wurde er auch zu einem Mahner, und seine Worte können uns auch in den Ohren weh tun, wenn er sagt: „Weichet von mir, ihr Verfluchten, in das ewige Feuer. Denn nur die, die jetzt das Wort vom Kreuz gern hören und willig befolgen, werden einst von dem Wort der ewigen Verdammnis nichts zu fürchten haben. Dies Zeichen des Kreuzes wird am Himmel glänzen, wenn der Herr wiederkommen wird, die Menschen zu richten. Alsdann werden alle Freunde des Kreuzes, die in ihrem Leben Jesus ähnlicher wurden, zu Christus, ihrem Richter, mit großer Freudigkeit hintreten. Warum sträubst du dich denn, das Kreuz auf deine Schultern zu nehmen, da doch der Weg des Kreuzes der Weg zum Himmelreich ist."

So wird Thomas a Kempis durch diese Botschaft ein Rufer zu Jesus Christus, damit wir seinem Bild ähnlicher werden.

Ein sehr wertvoller Brief

War das heute eine Überraschung für mich. Der Postbote händigte mir einen recht dicken Brief aus. Als ich ihn öffnete, quollen mir 5 Zwanzigeuroscheine entgegen. Eine wunderschöne Spruchkarte verriet mir, dass Frau Winter (Name wurde geändert) aus Niedersachsen mich mit einem Segensspruch beglückte. „Wie können wir in der Gegenwart Gottes leben? Im Staunen um all seine Spuren um uns her."

Heute lernte ich auch das Staunen, denn ich las:

Liebe Frau Bormuth,
einhundert Euro lassen wir Ihnen vom Beerdigungsgeld meiner Schwiegermutter zukommen für das Gute, das ihr während ihres Lebens aufgrund eines hilfreichen Rates von Ihnen zuteil geworden ist.
Vielen Dank, Ihre Ingrid Winter.

Ich überlegte, konnte mich aber nicht erinnern, welch guten Rat ich damals gegeben hatte. Aber vielleicht würde ich es durch das Telefonat erfahren. Denn ich wollte meiner Spenderin herzlich danken und ihr unbedingt mitteilen, dass das Geld bei mir gelandet sei. Es ist ja recht riskant, eine solch hohe Summe in einem Brief zu verschicken.

Es wurde ein längeres Gespräch, und Frau Winter

erinnerte mich an eine reich gesegnete Freizeit vor 28 Jahren. Damals wollte sie mit mir reden, denn sie war sehr bekümmert. Jung verheiratet war sie und liebte ihren Olaf sehr. Eigentlich hätte es in der Ehe so schön sein können, wenn ihr da nicht ihre Schwiegermutter die Suppe versalzen hätte. Die Schwiegereltern bewirtschafteten einen großen Bauernhof. Ingrid hatte darin eingeheiratet. Ihr Mann sollte einmal Hoferbe werden. Aber es fiel seiner Mutter schwer, ihren Sohn loszulassen. Sie klammerte ihn fest an sich und ließ dies die junge Bäuerin auch oft spüren. Abends, wenn eigentlich Schlafenszeit war, musste Olaf noch einmal bei seiner Mutter herein schauen, um wichtige Arbeitsabläufe für den nächsten Tag zu besprechen. Diese Gespräche zogen sich sehr in die Länge, und in ihrer Wohnung wartete die junge Bäuerin vergeblich auf ihren Mann. Natürlich war Ingrid darüber nicht erbaut, wenn dieser erst nach Mitternacht in sein Bett kroch. Immer wieder folgten dann Auseinandersetzungen. „Wo bist du so lange geblieben? Was hattet ihr heute wieder so lange zu bereden? Sollen das unsere Flitterwochen sein, wenn du mich hier allein liegen lässt?"

Er konnte nur antworten: „Du kennst doch Mutter und weißt, dass sie mich mit Beschlag belegt. Ich kann mich nicht einfach davon stehlen, sonst wird sie wütend und fühlt sich beleidigt."

Dieser Ehekonflikt ließ sich nicht so einfach aus der Welt schaffen. Wahrlich, auf Wolke sieben schwebte dieses jung vermählte Ehepaar nicht. Außerdem wurde Ingrid von ihrer Schwiegermutter gedemütigt. Hatte sie die Milchkannen nicht in der richtigen Reihenfolge auf das Regal gestellt, dann wurde sie getadelt. Kochte sie das Mittagessen, dann meckerte die Mutter, dass die Soße nicht ordentlich gewürzt und der Braten nicht gar genug sei. Stand sie an der Waschmaschine und sortierte sie die Wäsche, dann erschien ihre Schwiegermutter, riss ihr unsanft das blaue Hemd aus der Hand und schimpfte: „Blau und Weiß gehören nicht zusammen in eine Trommel. Hat dir denn dies deine Mutter nicht beigebracht?" Es waren lauter Lappalien, die der Jungbäuerin das Leben unerträglich machten. Das größte Ärgernis entstand an dem Tag, als Ingrid mit dem Baby auf dem Arm aus der Klinik wieder auf den Hof kam. Die Schwiegermutter mischte sich in alles ein und wollte bestimmen, wie der Säugling gestillt, gewickelt und gebadet werden sollte. Da platzte Ingrid eines Tages der Kragen: „Mutter, ist das mein Kind oder deins?"

Über diese Worte war die Schwiegermutter wieder beleidigt und verließ ärgerlich das Schlafzimmer der jungen Leute. Sie redete zwei Tage lang kein einziges Wort mit Ingrid.

So riet ich der Jungbäuerin: „Diesen Konflikt werden Sie nicht lösen können. Sie können Ihre Schwiegermutter nicht ändern. Ich würde Ihnen raten: Bitten Sie Ihren Mann, dass er für Sie in die Bresche springt und mit seiner Mutter redet. Er muss Ihnen den Rücken stärken und für Sie eintreten, wenn Sie auf dem Hof oder in der Haushaltsführung Fehler machen. Ihre Schwiegermutter wird sicher in vielen Aufgaben mehr Erfahrung haben, aber das erlaubt ihr nicht, Sie zu demütigen und Ihnen das Leben schwer zu machen. Ihr Mann muss Ihr Beschützer sein. Sie aber sollten täglich für Ihre Schwiegermutter beten. Dabei gilt es, einen langen Atem zu bewahren. Sie können Ihre Schwiegermutter nicht in Ihrem Wesen ändern, aber vielleicht gelingt es Ihnen zu erkennen, warum sie so an ihrem Sohn hängt, ihn an sich bindet und ihn nicht für seine junge Familie freigibt. Ihnen aber rate ich, Nähe und Distanz zu Ihrer Schwiegermutter zu bewahren und hier eine gute Balance zwischen diesen beiden Polen zu finden. Um uns nicht selbst aufzugeben, brauchen wir manchmal die rechte Abgrenzung zum andern, aber dann wieder herzliche Liebe und Verstehen füreinander. Wenn Sie in sich bittere, hässliche Gefühle verspüren oder in einer konkreten Situation Empfindlichkeit und Gereiztheit empfinden, sollte dies ein Ansporn sein, sich besser abzugrenzen. Ein klares Nein, wenn von Ihnen Unmögliches verlangt wird, muss die Beziehung zu Ihrer Schwiegermutter nicht zerstören, sondern kann sie klären und vertiefen. Das wirkt echter und ehrlicher und tut beiden gut. Aber verlieren Sie nie die Achtung vor Ihrer Schwiegermutter aus den Augen; denn sie hat Ihrem Mann das Leben geschenkt. Das ist das Höchste, was sie tun konnte. Sie soll auch in den Himmel kommen. Aber sprechen Sie mit Ihrem Mann, wenn es zu Auseinandersetzungen kommt, und lassen Sie ihn die Kohlen aus dem Feuer holen."

Frau Winter war mir für diese Ratschläge dankbar. Aber sie musste zugeben, dass ihr mein Vorschlag, für die Schwiegermutter täglich zu beten, äußerst schwer geworden war. Sie hätte in dieser Zeit lieber für einen Eskimo in Grönland und für einen Indianer in Südamerika gebetet als für die Mutter ihres Mannes. Aber aus Gehorsam Gott gegenüber hielt sie am Gebet fest. 24 Jahre vergingen, in denen sich nur wenig zum Guten veränderte. Aber als die Schwiegermutter elend, schwach und bettlägerig wurde, erklärte sich die Lage und ihr Verhalten. Sie suchte das hilfreiche Gespräch mit Ingrid, erkannte ihr eifersüchtiges Handeln und bat um Verzeihung. Danach folgten noch vier wunderschöne Jahre. Ausgesöhnt und im Frieden verlebten Schwiegermutter und Schwiegertochter noch eine gute Zeit miteinander, bis Gott die Mutter mit 93 Jahren zu sich in die Herrlichkeit heimholte.

Ich aber profitierte von dieser Beerdigung und wusste sofort, wem ich dieses Geld zugute kommen lassen konnte. Zwei unserer Enkel arbeiten in Brasilien in der Mission: einer in einem Zentrum, das Drogensüchtigen wieder in ein normales Leben helfen will, der andere in einem Haus für Kinder, die aus verwahrlosten und notvollen Elternhäusern kommen und dort eine Heimat gefunden haben. Beerdigungsgeld für einen guten Rat, das machte mich zutiefst dankbar und fröhlich und meine Kurzzeitmissionare Lukas und Martin würden sich freuen.

Cacau und Johannes Kneifel – zwei mutige Christuszeugen

Solch einen schönen Abend mit Wieland Backes im Fernsehen würde ich mir gerne öfter wünschen. Sein Diskussionsthema lautete: Brauchen wir Glauben? Zu den geladenen Gästen zählte eine Frau, die 60 Jahre lang mit ihrer Familie auf den Straßen stand und den Wachturm anpries. Nun aber hatte sie dieser Glaubensgemeinschaft den Rücken gekehrt. Interessant waren ein Professor der Philosophie und ein Comedian, die sich beide zum Atheismus bekannten. Letzterer hatte sich als junger Mensch der katholischen Kirche zugehörig gefühlt und diente viele Jahre sogar als Messdiener. Außerdem gehörte zu dem Team noch der Herausgeber einer christlichen Zeitschrift. Besonders aber möchte ich Johannes Kneifel und Cacau, den Stürmer vom VfB Stuttgart, erwähnen. Zehn Jahre gehörte er nun schon zu diesem Fußballclub und war einer der besten Spieler. Zeitweise unterstützte er auch den Kader der Nationalmannschaft. Wenn Cacau zum Spiel antrat und ihm dann ein sensationelles Tor gelang, jubelte das Fußballstadion begeistert, und ich rief, wenn auch nur vor dem Fernseher, aus: „Praise the Lord!"

Das Zeugnis dieser beiden begeisterte mich und

auch die beiden Atheisten in der Gesprächsrunde waren von ihnen stark beeindruckt.

So erzählte z. B. Johannes Kneifel: „Ich war früher ein Skinhead, kleidete mich wie einer von ihnen in Springerstiefel und Bomberjacke und hatte mich ihnen fest angeschlossen, weil sie mir ein warmes Nest boten. Die Haare auf dem Kopf hatte ich mir abrasiert, so wie es meine Freunde auch taten. Mein Elternhaus konnte mir diese Geborgenheit nicht bieten. Wir waren arm, und der Alkohol spielte bei meinem Vater eine wichtige Rolle. So wurde ich in der eigenen Familie zum Außenseiter und fühlte mich todunglücklich. Die Kameraden aber aus der rechten Szene standen mir nahe. Sie nahmen mich in ihre Gemeinschaft auf, ich konnte mit ihnen reden und vor allen Dingen viel Alkohol mit ihnen saufen. So war ich auch immer dabei, wenn es galt, eine Aktion zu starten, Krach zu schlagen und andere Menschen niederzuknüppeln. Dabei raubte uns der Schnaps den klaren Verstand.

Eines Abends zog ich mit einem Kameraden los und wollte einem jungen Mann klar machen, wo der Hammer hängt. Er hatte sich in unser Leben eingemischt und wollte uns eines Besseren belehren. Seine aufdringliche Art ärgerte uns maßlos und forderte uns heraus. Was ging ihn eigentlich unsere Gruppe an? Sollte er sich doch besser um sich selbst kümmern. Wir wollten nicht von einem solchen Typen gemaßregelt werden. Mehrmals waren wir in unseren Diskussionen hart aneinandergeraten. So suchten wir diesen Besserwisser und Neunmalklugen auf. Wir wussten, dass er zu Hause war, denn wir hörten den Fernseher schon von der Straße aus. So brachen wir seine Tür auf, stürmten in sein Zimmer, rissen ihn vom Sessel auf den Boden und traten mit unseren Springerstiefeln mächtig auf seinen Kopf ein. Es gelang ihm noch einmal, sich von uns loszureißen und sich zu erheben. Aber aus Furcht, er könnte nun mit aller Macht auf mich eindreschen und mir sogar mein Leben nehmen, wehrte ich mich aufs heftigste. Es gelang mir, ihn ein zweites Mal zu Boden zu drücken und mit aller Gewalt auf ihn einzuprügeln. Er blutete dermaßen aus vielen Wunden, dass mich plötzlich Angst überfiel und ich mit meinem Kameraden schleunigst die Szene verließ. Hilflos ließen wir ihn in seinem Blut liegen und suchten das Weite. Noch in der gleichen Nacht hauchte der junge Mann sein Leben aus. Es war ihm zwar noch gelungen, auf seinem Handy den Notarzt zu rufen, der ihn in die Klinik einwies, aber die Hilfe kam zu spät.

Töten wollten wir ihn nicht, aber nun war es doch geschehen. Das brachte mir in einem langwierigen Prozess fünf Jahre Gefängnis ein. Wegen der grausamen Brutalität wurde mir sogar Sicherheitsverwahrung angedroht. Das hätte für mich bedeutet, dass ich nie wieder aus dem Knast herauskommen würde. In der Enge meiner Zelle steigerte sich meine Aggression noch mehr. Ich berauschte mich immer wieder am

Alkohol, der für mich eingeschmuggelt wurde. Jeden schlug ich zusammen, der sich mir in den Weg stellte. Und doch fragte ich mich im Stillen: Johannes, was hast du bloß mit siebzehn Jahren aus deinem Leben gemacht? Manchmal war ich auch verzweifelt.

Aber dann kamen eines Tages junge Männer in die Haftanstalt und wollten mit uns reden. Sie bezeugten uns ihren Glauben an Christus. Von da an besuchte ich auch die Gottesdienste. Es war Gott selbst, der mich nicht weiter in meinem Sumpf verrotten lassen wollte, sondern ein herzliches Erbarmen mit mir hatte. Die Predigten des jungen Pfarrers trafen mich in meinem Innern, und die Botschaft des Evangeliums sprach mich an. Mir war klar: Nur Jesus kann mich retten und mich verändern. So wurde ich durch die Freundlichkeit meines Herrn Christus ein neuer Mensch. Ich begann die Bibel zu lesen und betete. Mein verpfuschtes Leben warf ich Jesus vor die Füße. Er vergab mir alle meine Schuld, auch meinen Totschlag. Meine Strafe musste ich bis auf wenige Tag absitzen, und dies war eine schrecklich lange Zeit. Aber nun, da ich die Gefängnismauern hinter mich gelassen hatte, lag ein neuer Weg ohne Gewalt, Hass und Brutalität vor mir. Ich sagte mich von meinen früheren Kumpanen aus der rechten Szene los und begann an der Universität Theologie zu studieren. Nun stehe ich kurz vor dem Abschluss und möchte gerne Jugendpfarrer werden. In den öden, engen Zellen sitzen junge Menschen, denen ich Jesus Christus als

Erlöser verkündigen möchte. Die göttliche Liebe bestimmt heute mein Handeln."

„Aber", stieg einer der Atheisten in das Gespräch ein, „kann denn ein solch schweres Verbrechen wie ein Mord einfach ausgelöscht werden? Es muss Sie doch noch immer schrecklich belasten, dass durch Ihre Hand ein Mensch zu Tode gekommen ist. Dieser grausame Mord ist eine furchtbare Hypothek? So etwas kann man doch nicht ungeschehen machen und einfach vergessen?" An der Stelle meldete sich Cacau zu Wort: „Ja, ein Mord ist entsetzlich. Aber Christus hat sein eigenes Leben am Kreuz für uns geopfert, damit er alle unsere Schuld, auch einen Mord, vergeben will. Mich selbst hat Jesus auch sehr froh gemacht, obwohl ich nicht in eine solch missliche, elende Situation geraten bin wie Johannes. Und doch gibt es einiges, was mich eng mit meinem Freund verbindet.

Geboren bin ich in Brasilien. Meine Familie war arm, sehr arm sogar. Meine Mutter verdiente sich etwas Geld, indem sie bei reichen Leuten die Wäsche wusch. Mein Vater war zu einem Alkoholiker geworden und setzte all seinen Verdienst in Schnaps um. Schon wir Kinder mussten früh mithelfen, damit wir etwas zu essen hatten. So verkauften wir auf der Straße Zeitungen und putzten auf dem Bahnhof wohlhabenden Reisenden die Schuhe. Auch wenn wir schwer arbeiten mussten, so gab es doch auch fröhliche Unternehmungen. Schon seit ich laufen kann, hat mich der Ball fasziniert. Man sagte mir sogar nach, ich sei mit einem Ball geboren worden. Auf der Straße spielten wir Jungen Fußball. Aus Lumpen hatten wir uns einen Ball zusammengenäht und schossen solange damit, bis die Fetzen auseinander flogen. Dann hielten wir Ausschau nach neuen Lumpen und bastelten uns wieder einen Ball zusammen. So ging es tagaus tagein. In der Familie aber dauerte unser Elend noch lange an.

Dann jedoch wurde unsere Mutter eines Tages von Christen zu einer Bibelstunde eingeladen. Dort lernte sie Jesus Christus als ihren Herrn kennen und lieben. Damit zog neues Leben bei uns ein. Meine Mutter betete mit uns am Morgen und auch zu Tisch und sang mit uns fröhliche Jesuslieder. Sie nahm uns mit in die Versammlungen. Auch mir gefiel dieser Ort mit der Begegnung von Christen. Früh hatte ich es mir in den Kopf gesetzt, Profifußballer zu werden, und spielte bei einem Verein der unteren Liga als Stürmer. Nur so war es möglich, später in eine höhere Liga aufgenommen zu werden, wenn man sich bewährte. Mir aber war dieses Glück versagt. Ich war nicht so sehr erfolgreich. Mein Trainer rief mich eines Tages zu sich und sagte: „Cacau, ich muss dich leider aus der Mannschaft entlassen. Deine Leistung lässt viel zu wünschen übrig, geh wieder nach Hause."

Ich war wie am Boden zerstört und total verzweifelt. Mein Traum vom großen Star in einer siegreichen Fußballmannschaft war geplatzt. Ich kam mir wie ein schäbiger Verlierer vor und fuhr heim. Es war mein älterer Bruder, der sich meiner annahm. Er sah meine Not und tröstete mich: ‚Cacau, du bist kein Loser und kein Gescheiterter. Sieh nur, Gott liebt dich, und das ist das Schönste, was von einem Menschen gesagt werden kann. Vertrau dich ihm an und werde auch Christ. Dann kehrt Friede in dein Leben ein, und du wirst wieder froh. Sag Jesus deine Wünsche und Sehnsüchte, und er wird dich erhören. Wir können zusammen beten, und du kannst Jesus dein Leben übereignen.'

So wurde ich Christ. Freunde vermittelten mir einen Platz in einer niedrigen Spielklasse in München. Mein Aufenthalt in Deutschland gestaltete sich in den Anfängen recht schwierig. Ich war der deutschen Sprache nicht mächtig und litt auch unter dem Alleinsein und der Einsamkeit. Mir aber hat geholfen, dass ich viel in der Bibel gelesen und gebetet habe. Dann fand ich eines Tages eine deutsch-brasilianische Gemeinde. Sie nahm mich freundlich unter ihre Fittiche, und es ging mir besser. Auch das Fußballspielen machte mir mächtig Spaß, und ich trainierte hart. Wir stiegen mit unserer Mannschaft sogar auf. Bei den Christen in der Gemeinde durfte ich während des Lobpreises Gitarre spielen und singen. Die Bibel wurde mir nun zum starken Trost, wenn mich das Heimweh packte und ich mich nach Brasilien sehnte. Jesus wurde mir zu meinem besten Freund. Es war mir ein Anliegen, andere Menschen auch in seine Gemeinschaft zu rufen. Auf meinem T-Shirt hatte ich die Botschaft aufdrucken lassen: Jesus lebt, er liebt dich! Nach jedem gelungenen Torschuss zeigte ich es den Zuschauern. Das wurde mir dann allerdings vom Verein verboten. So hebe ich jetzt nur meine beiden Hände in die Höhe zum Zeichen dafür, dass ich Gott danken will. Er hat mir die Begabung zum Tore schießen geschenkt. Ich danke jetzt meinem Herrn dafür. Aber noch viel wichtiger ist mir das Geschenk der Vergebung. Es ist einzigartig, kaum begreifbar und doch wahr. Auf Golgathas Höhen hat der Erlöser für mich gelitten und ist auch für mich gestorben und auferstanden. So groß und gewaltig ist seine Barmherzigkeit und Liebe."

Von diesem mutigen Zeugnis waren vor allem die beiden Atheisten in der Gesprächsrunde von Wieland Backes tief bewegt und sprachen dies auch offen aus. Noch besteht für sie die Chance wie Johannes und Cacau ins Boot Jesu Christi einzusteigen.

Enkel, Enkel, welch wunderbares Glück!

Als ich mein Abitur in der Tasche hatte, bewegten mich zwei Wünsche. Ich wollte gerne Theologie studieren, sehnte mich aber auch zugleich nach einem Lebenspartner. Mutter einer großen Familie wollte ich werden. Zunächst musste ich für mein Studium Hebräisch und Griechisch lernen. Ein Kommilitone aus dem höheren Semester half mir und erklärte mir die schwierigen grammatikalischen Zusammenhänge. Jeden Tag wurde ich regelrecht in Hebräisch und Griechisch getrimmt. In den Räumen der Studentenmission übten wir. Schon nach drei Monaten in Marburg sprach er mich an und sagte: „Fräulein Hannemann, ich habe den Eindruck, Gott hat uns zusammengeführt. Wollen Sie meine Frau werden?"

Dass mir mit diesem Heiratsantrag auch eine große Familie geschenkt wurde, darüber kann ich nur staunen. Zwei Jahre später schlossen wir den Bund der Ehe, und uns wurden fünf Kinder geboren. Wenn Gott gibt, dann gibt er immer überschwänglich. Zu unseren vier Söhnen und einer Tochter gesellten sich noch fünf Schwiegerkinder und fünfzehn Enkel. So wunderbar ist Gott! Beides habe ich in der Familie erlebt: tiefe Freude, aber auch schwere Unglücksfälle.

Auf dem Weg zur Schule wurde unserem Enkel Daniel Meiß von einem Bus die Vorfahrt genommen. Mit seinem Fahrrad landete er kopfüber im Straßengraben und war heftig verletzt. „Oma, ich habe gedacht, ich müsse sterben", erzählte er mir bei einem Besuch. „Aber Jesus stand mir bei und hat alle meine Wunden wieder geheilt. Ich bin ja so froh!" Auch ich war erleichtert, und meine Dankgebete stiegen in reichem Maße zum Himmel empor. Ernste Sorgen bereitete mir auch Emanuel. Als Fünfjähriger erlitt er über einen größeren Zeitraum hinweg heftige Fieberschübe, die ihn für mehrere Tage ans Bett fesselten. Kein Arzt konnte seinen Eltern sagen, wodurch diese Krankheit verursacht wurde. Wir lebten in großer Besorgnis. Das Kind konnte in der Nacht oft nicht schlafen. Unser Sohn schaute dann öfter nach ihm. „Na, mein kleiner Schatz, kannst du wieder nicht zur Ruhe finden?" – „Nö, Papa, aber das ist nicht so schlimm", meinte er. „Und was machst du dann, wenn du so lange wach liegst?" – „Ich unterhalte mich mit dem lieben Gott. Ich sage ihm, dass ich ihn sehr liebe, und danke ihm, dass Jesus mein bester Freund ist. Außerdem freue ich mich über den guten Schlaftrunk, den er mir geben wird." Darunter verstand er die Narkose, denn inzwischen hatte ein Arzt festgestellt, dass dem Kind die vereiterten Mandeln entfernt werden müssten.

Nun lag er nach einer Operation in der Klinik. Nach wenigen Tagen ging es ihm recht gut. Er wurde reich beschenkt. Kleine Päckchen und Briefe von zahlreichen Verwandten erreichten ihn, und außerdem wurde er sehr oft besucht. An einem Nachmittag fragte er: „Papa, kommt denn die Oma Lotte gar nicht zu mir?" – „Weißt du, mein Liebling, die Oma Lotte ist selbst krank. Aber vielleicht besucht sie dich übermorgen." – „Na gut, dann soll sie übermorgen kommen, wenn sie dann noch lebt."

Darüber musste ich schmunzeln, als mir unser Sohn dies erzählte. Es ist erstaunlich, wie reich meine Enkelkinder von ihren anderen Großeltern an Geburtstagen und Weihnachten beschenkt werden. So beschränkte ich mich darauf, ihnen praktische Sachen unter den Weihnachtsbaum zu legen, z. B. einen Schlafanzug, eine Hose oder ein buntes T-Shirt. Ich zog natürlich mein Gesicht mächtig in Falten, als die zweijährige Mareike einmal zu ihrer Mutter sagte: „Weißt du Mama, Oma Margot ist besser." Sie hatte Mareike eine wunderschöne Puppe geschickt und ich nur eine Garnitur Unterwäsche. Ich konnte das Kind gut verstehen und beschloss, an Festtagen mit einem Geldschein zu erscheinen. Schnell liefen dann die Kleinen davon, holten ihre Spardosen und hielten sie mir entgegen. Dadurch war ich meiner Schmach enthoben; denn schon die Kleinen wissen, was sie sich von dem Geld kaufen können.

Auch an dem Tag, an dem es Zeugnisse gab, kamen meine Enkel fröhlich angetanzt. „Oma, wir haben wieder gute Noten." Gleich vier Enkel waren erschienen. Den drei Schulkindern drückte ich je fünf DM in die

Hand. Diesmal hatten Daniel, Mareike und Christine noch ihren kleinen Bruder mitgebracht. Daniel nahm allen Mut zusammen und fragte: „Oma, kannst du für Lukas nicht auch Zeugnisgeld geben?" – „Aber Lukas geht doch noch gar nicht in die Schule", erwiderte ich. „Aber Oma, bald kommt er doch in die erste Klasse." Mich berührte die Fürsorge von Daniel für seinen kleinen Bruder. Ich öffnete noch einmal meine Brieftasche und holte für den Jüngsten einen Fünfer heraus. Lukas strahlte über das ganze Gesicht, schwenkte das Geld in der Luft und rief aus: „Oma, auf den Schein habe ich schon lange gewartet." An diesem Tag beschloss ich, einmal im Jahr an alle Enkel Zeugnisgeld zu verteilen, ganz gleich, ob sie noch in den Windeln liegen oder schon berufstätig sind.

So wuchsen meine Schätzchen heran. Mareike war die Erste, die sich zum Studium für Theologie und Englisch in Heidelberg einschreiben ließ. Da sie ein Einser-Abitur geschafft hatte, bewarb sie sich um ein Stipendium. Es war aber ein rabenschwarzer Tag für sie, als sie die Nachricht erhielt, das Stipendium würde ihr nicht gewährt. Gerade als sie diesen negativen Bescheid in Händen hielt, kamen wir zu Besuch. Der Professor hatte sie über das Thema Befreiungstheologie geprüft. Aber dieses Problem war während ihrer Schulzeit im Gymnasium überhaupt nicht behandelt worden. Sie ahnte schon, dass sie von diesem Prüfer abgelehnt würde, und bat ihn, er möchte doch auf ein anderes Sachgebiet zu sprechen kommen.

Aber der Hochschullehrer ging auf ihre Bitte nicht ein und schmetterte das Stipendium ab. Ich litt mit Mareike, verständigte mich kurz mit meinem Mann, nahm dann meine Enkelin in den Arm und tröstete sie: „Mareike, wenn der Professor dir das Stipendium verwehrt hat, dann sind wir noch da und werden dir helfen. Noch heute gehen wir zur Bank und richten einen Dauerauftrag ein. Die Miete für deine Wohnung in Heidelberg werden wir übernehmen." – „Danke! Danke! Ihr seid aber sehr lieb!", war ihre Reaktion, und sie wischte sich eine Freudenträne aus den Augen.

Einmal klingelte ich an der Haustür unseres Sohnes und wollte etwas für ihn abgeben. Da kam ich mitten in eine harte Auseinandersetzung hinein. Der Zweitklässler hatte seine erste Rechenarbeit geschrieben, und sie war mit einer Vier minus benotet worden. Meine Schwiegertochter war darüber stark erregt und schimpfte: „Junge, habe ich dir nicht gesagt, dass du deine Schularbeiten ordentlich erledigen sollst? Jetzt schreibst du eine Vier minus und in der nächsten Klassenarbeit bekommst du eine Fünf. Was soll nur aus dir werden, du bist ein Loser!" Der kleine Kerl stand in einer Ecke, und die Tränen flossen ihm über die Wangen. Mir tat das Kind schrecklich leid. Aber als Großmutter darf ich mich nicht in die Erziehung meiner Enkel einmischen. Ich darf ihnen zwar viel Gutes tun, darf sie ein wenig verwöhnen und sie beschenken, aber sonst muss ich lernen zu schweigen, was mir natürlich als Rednerin recht schwerfällt. Doch meinen kleinen Enkel in den Arm nehmen, das darf ich. „Komm, mein Liebling, hör auf zu weinen. Es kann wieder mit dir aufwärts gehen. Denk daran, dass deine Oma sogar im Abiturzeugnis in Mathematik ein Mangelhaft hatte." Mit großen Augen schaute mich mein Enkel an. „Oma du? Eine Fünf im Abitur, und dann bist du doch noch Schriftstellerin geworden." – „Ja, mein kleiner Schatz, so ist es im Leben, aber nur in Mathematik war ich eine Niete, sonst hatte ich ordentliche Zensuren. Ich biete dir an, jeden Nachmittag eine halbe Stunde mit mir zu lernen. Wir müssen schon etwas dafür tun, dass du von der Vier herunter kommst." – „Ja, Oma, so machen wir das. Schon heute Nachmittag bin ich bei dir." Für mich war dies kein großer Zeitaufwand, aber die Beständigkeit, mit der wir übten, zahlte sich aus. Die halbe Stunde jeden Tag zeigte schon bald ihre Früchte. Kurz vor Weihnachten erhielt ich einen bemerkenswerten Brief von seiner Lehrerin mit folgender Adresse: „An die Lese- und Rechen Omi." Sie schrieb mir: „Liebe Frau Bormuth, ich bin über die Leistungssteigerung Ihres Enkels erstaunt. Er hat mir erzählt, dass Sie jeden Tag mit ihm lernen. Der Erfolg zeigt sich schon nach einem Vierteljahr. Ihnen danke ich für Ihren Einsatz. Ich wünschte, es gäbe noch viele Großmütter wie Sie. Herzliche Weihnachtsgrüße Ihre Ilse Vogt." Solch ein Lob ließ ich mir gerne gefallen.

Noch heute kommt unser Enkel vor den Klassenarbeiten zu uns, jetzt aber zu meinem Mann. Die höhere Mathematik kann ich ihm nicht beibringen. Wie gut, dass er einen Großvater hat, der Mathematik studiert hat. Auch in Bezug auf Latein und Englisch ist mein Mann ein hervorragender Lehrmeister. Und das zahlt sich aus.

Einer unserer Enkel wäre auf dem Gymnasium beinahe sitzen geblieben. Kurz vor Ostern erhielt er den berüchtigten „blauen Brief" mit dem Vermerk: Die Versetzung ist gefährdet. Das war ein Schock für die Familie. Mit Hilfe seiner Mutter, die Gymnasiallehrerin ist, hat er doch noch die nächste Klasse erreicht. Natürlich war ich erleichtert. Aber ich hatte den Eindruck, ich sollte ein ernstes Wörtlein mit ihm reden, und nahm ihn mir zur Brust: „Bitte, Lukas, tu das deiner alten Großmutter nicht noch einmal an, dass sie für dich bei Gott Sturm beten muss, damit du versetzt wirst." Ganz erstaunt rief er aus: „Aber Oma!" – „Ja, nix da ‚Oma', setz dich auf deinen Hosenboden und lern endlich. Ich weiß, du bist ein hervorragender Fußballspieler und deine Mannschaft ist in die höhere Liga aufgestiegen. Aber jetzt ist erst mal Lernen angesagt. Die Faulenzerei muss ein Ende haben." Das war das erste und letzte Mal, dass ich einem Enkel eine solch harte Strafrede gehalten habe. Aber sie hat gefruchtet. Nie mehr landete ein „blauer Brief" im Postkasten. In diesem Jahr hat unser Fußballspieler sogar ein Einserabitur geschafft. Dafür erhielt er von mir einen hohen Geldschein. Jetzt dient er Gott in Brasilien als Kurzzeitmissionar.

Auch unser Enkel Martin hatte sich entschlossen, in diesem Land in einem Drogenrehabilitationszentrum ein Freiwilliges Soziales Jahr zu absolvieren. Große Ziele hatte er sich gesetzt. Er wollte gefährdeten jungen Menschen helfen, ihre Sucht in den Griff zu bekommen. Aber die Ernüchterung folgte ziemlich schnell, denn zu seinem Einsatz gehörte es, dass er mit jungen gefährdeten Brasilianern im Kuhstall arbeiten musste. Nach anfänglicher Enttäuschung rang er sich dazu durch, auch diesen Missionsdienst anzunehmen, obwohl er zuvor noch nicht einmal einen Hasenstall ausgemistet hatte. „Oma, ich halte durch!", ließ er sich vernehmen, und ich unterstütze ihn mit meinen Gebeten. Die Tiere gehören auch zu Gottes Schöpfung. Sie zu pflegen und gut zu betreuen, ist auch Gottesdienst.

Am zweiten Weihnachtsfeiertag trifft sich unsere Großfamilie immer zu einem Fest. Mit 32 Personen sitzen wir dann um mehrere Tische. Schon Wochen vorher überlege ich, was ich kochen soll. Im letzten Jahr habe ich neben anderen Köstlichkeiten 59 Fleischklöße gebraten. Für Emanuel ist dies seine Lieblingsspeise. „Oma, ich habe drei Frikadellen gegessen. Sie waren sagenhaft. Jetzt bin ich satt." Ob ich dieses Jahr an Weihnachten wieder dasselbe Gericht zubereite, weiß ich noch nicht. Ein Festtagsbraten in der Backröhre ist wohl schneller zu bewältigen.

Mein wichtigstes Anliegen besteht darin, dass Gott sein Wort wahr macht und meine Kinder und Kindeskinder in seine Nachfolge beruft. Wenn ich einmal im Himmel bin, ist dies mein innigster Wunsch, mit all meinen Lieben in Gottes Nähe und in seiner Herrlichkeit vereint zu sein. Jeden Morgen in meiner „Stillen Zeit" lese ich mehrere Kapitel aus meiner Bibel und bete dann für Julia, Emanuel, Christine, Mareike, Cornelius, Hanna-Maria, Anna, Oskar, Martin, Miriam, Rebecca, Nils, Meike, Lukas und Daniel. So, nun wissen Sie, liebe Leser, wie meine Enkel heißen. Meine Kinder und Enkel sind mir das teuerste und schönste Geschenk, das Gott unserer Familie anvertraut hat. Ich möchte am Ende meiner Tage einmal vor Gott stehen und sagen können: „Siehe, hier bin ich und die Kinder, die du mir gegeben hast." Welch ein Reichtum liegt doch in den Kleinen und Großen. Es freut mich, wenn sie früh ins Boot Gottes einsteigen und dann auch für ihn, meinen Herrn, wirken. Das ist Schönheit des Glaubens und Frucht für die Ewigkeit.

Trübe Nächte

Heute Nacht konnte ich nicht zum Schlaf finden. Unruhig wälzte ich mich in meinen Kissen hin und her und hing trüben Gedanken nach. Ein Telefonat in dieser Woche hatte mich zunächst empört, dann aber recht niedergeschlagen gemacht. Ich kenne diese Anruferin nicht besonders gut und wunderte mich, warum sie gerade mich zur Zielscheibe ihres Ärgers und ihrer schweren Anschuldigungen machte.

„Frau Bormuth", begann sie das Gespräch, „ich wundere mich, wie Sie in Ihrem Alter noch kreuz und quer in Deutschland herumreisen und dabei Ihre häuslichen Pflichten vernachlässigen. Heute Morgen bin ich Ihrem Mann im Kaufhaus Ahrens begegnet. Er trug mehrere Taschen. Ich sprach ihn an, weil er früher schon einmal in unserer Gemeinde gepredigt hat. Mir fiel auf, dass er elend aussah. Recht gebückt ging er an den vielen Regalen vorbei und kaufte ein. Außerdem kam es mir vor, als ob er an Gewicht verloren hätte. Sie sollten sich mehr um ihn kümmern, anstatt große Vortragsreden zu halten. Das Predigen sollten Sie anderen überlassen, die darin Profis sind."

Was hätte ich zu diesen Anklagen sagen sollen? So erwiderte ich ihr nur, dass mein Mann gerne zum Einkaufen geht. Von jeher war dies sein Hobby. Mit dem Auto ist es ja auch viel einfacher und schneller für uns beide, das Nötigste zu holen. Mir hingegen ginge die Puste aus, wenn ich den Berg bis zu unserem Haus schaffen müsste. Außerdem ist jetzt mein Mann über 80 Jahre alt, da sieht man nicht mehr aus wie ein junger Kerl, und sein Rücken hat schon so manche Last tragen müssen. Mich stört es nicht, wenn er etwas gebeugt geht. Aber immer noch arbeitet er auch gern im Garten. Sicher trägt auch diese Tätigkeit dazu bei, dass er keine Pfunde ansetzt. Ich finde es auch gesundheitsfördernd, wenn man nicht so viel Gewicht mit sich herum schleppen muss. Ich selbst bemühe mich auch, eine Grenze von 60 Kilo nicht zu überschreiten. Aber diese Frau antwortete nur: „Trotz all Ihrer Einwände sollten Sie doch das Predigen aufgeben. Diesen Dienst können berufene Pastoren besser vollbringen. Ihnen stünde es gut an, wenn Sie mehr zu Hause blieben und sich mit Ihrem Mann auf die Ewigkeit vorbereiteten." Damit legte sie den Hörer auf.

Es ist mir eine Hilfe, dass ich Gott in meine Konflikte mit einbeziehe. Manchmal klage ich sie ihm auch. „Herr, ich brauche jetzt eine starke Ermutigung. Lass mich nicht im Stich. Gib mir ein Zeichen liebevollen Gedenkens von Menschen, dass mein Einsatz für dich nicht vergeblich ist, sondern Frucht bringt." Nachdem ich so gebetet hatte, konnte ich wieder einschlafen. Es ist zum Staunen, was ich schon am nächsten Tag erlebte. Nach Ende eines Gottesdienstes kamen einige Zuhörerinnen auf mich zu und bedankten sich für die tröstenden Worte bei der Auslegung von Psalm 73,23-26. Dort heißt es: *„Dennoch bleibe ich, Herr, bei dir, denn du hältst mich bei meiner rechten Hand. Du leitest mich nach deinem Rat und nimmst mich endlich in Ehren an. Wenn ich nur dich habe, so frage ich nichts nach Himmel und Erde. Wenn mir gleich Leib und Seele verschmachtet, so bist du doch, Gott, allezeit meines Herzens Trost und mein Teil."*

Außerdem baten mich zwei Frauen um ein seelsorgerliches Gespräch. In ihren Familien war ein Erbstreit ausgebrochen. Auch Schwester Andrea aus Elbingerode rief mich an, ich möchte doch im kommenden Jahr wieder eine Rüstzeit in ihrem Heim halten. Besonders erfreulich sei in diesem Jahr der Besuch gewesen, und Michael, der bei den Abendvorträgen immer in der zweiten Reihe saß, habe sein Leben Jesus anvertraut.

Auch aus dem Schwabenländle erreichte mich eine wunderschöne Nachricht. So schrieb mir eine Witwe:

Liebe Frau Bormuth!
Immer noch bin ich dankbar, dass ich Sie in meinem hohen Alter auf dem Schönblick habe kennenlernen dürfen. Dreimal habe ich Ihre Bücher schon verschenkt. Das erste erhielt eine krebskranke Frau, die mir anschließend sagte: „Von diesem Buch kommt man ja gar nicht mehr los." Das zweite überreichte ich einer Mutter von fünf Kindern. Sie war gerade in der Reha, weil sie durch einen bis-

sigen Hund zu Fall gebracht worden war und sich dabei zwei Wirbel und ein Handgelenk gebrochen hatte. Das dritte Buch wanderte zu einer Frau, die mich in ihrem Mercedes immer mit zum Gottesdienst nach Aidlingen fährt. Sie hatte ein schweres Schicksal, ist sehr verbittert und weigert sich, ihre Nachbarin auch zu den Schwestern in Aidlingen mitzunehmen, weil sie ihr unsympathisch ist. Ich ringe bei ihr um Barmherzigkeit und Verständnis für andere. Ein Wort aus Ihrem Vortrag am Donnerstagabend hat mich zutiefst bewegt. Sie sagten: „Glück ist einverstanden zu sein mit Gottes Willen."
Diese Aussage hatte die Briefschreiberin mir in kunstvoller Handschrift auf eine Karte wunderbar aufgemalt.

Natürlich weiß ich, dass die Tage meiner Verkündigung gezählt sind. Über dreißig Jahre bin ich kreuz und quer durch Deutschland gefahren und habe auf Frühstückstreffen, Bibelfreizeiten und Seniorennachmittagen das Wort Gottes weiter sagen dürfen. Ich war auch im Ausland: in Moskau, in Calgary in Kanada, in Meran in Tirol, in Scharnstein in Österreich, in Adelboden und Frutigen in der Schweiz. Sogar nach Taiwan und Amerika wurden mein Mann und ich zu Vorträgen eingeladen. Botin meines Herrn bin ich gewesen und will es auch weiter bleiben, ob in der Verkündigung oder im stillen Gebet für Kranke und

Hilfesuchende. Außerdem schreibe ich noch an einigen Büchern, an denen ich gerade arbeite. Ich möchte sie noch gerne auf den Markt bringen. Der Francke Verlag freut sich darüber. Letztlich kommt es nicht darauf an, was ich tue, sondern wie ich es tue. Aus der Dankbarkeit für Gott sollen meine Worte sprudeln und zum Zeichen seiner Liebe und Barmherzigkeit werden. Es gibt nur eine rettende Botschaft, und das ist Christus unser Erlöser. Auch wenn mir im Alter das Reisen versagt bleiben sollte, darf ich doch davon leben: Ich bin in den Augen meines Herrn wertvoll geachtet. Darüber kann ich nur staunen und mich freuen. Ich weiß nicht, wie meine letzte Wegstrecke verlaufen wird, aber auf alle Fälle gehe ich meiner Vollendung entgegen. Jesus will mich in der neuen Welt Gottes empfangen, und ich darf dann von allen Schmerzen und allem Weh befreit sein. In seiner Schöne werde ich ihn schauen. So bitte ich meinen Herrn, dass er mir diese Zukunftshoffnung bewahren möge.

Am Ende zählt das Glück

Marion erzählt:
Dass ich einmal heiraten würde, hätte ich nicht gedacht; denn ich war nicht auf der Sonnenseite geboren worden. Mit drei Jahren stürzte ich die Kellertreppe hinunter und erlitt einen Beinbruch. Unter viel Geschrei brachte mich meine Mutter in die Klinik. Mein Unterschenkel wurde geröntgt und eingegipst. Nach etwa vier Wochen wurde mein Gipsverband abgenommen, und es stellte sich heraus, dass die Knochen an den Bruchstellen nicht zusammengewachsen waren. Sie lagen etwas übereinander. Beim Laufen hatte ich Schmerzen, und das Bein entzündete sich. Mit keinem Mittel war dem Eiter beizukommen. Ich wurde schwer krank. Mein Leben hing an einem seidenen Faden. Schließlich blieb den Ärzten keine andere Wahl, als das Bein zu amputieren. Mir wurde eine Prothese angepasst, und ich lernte recht gut damit zu laufen. Ich selbst litt nicht unter dieser Behinderung, aber als ich in die Schule kam, ging die Hänselei los. Natürlich konnte ich auch nicht am Sportunterricht teilnehmen, sondern musste am Spielfeldrand zuschauen, wenn meine Klassenkameraden Völkerball spielten oder in Leichtathletik trainiert wurden. Das bekümmerte mich schon sehr. So wurde ich zum Außenseiter abgestempelt, und mein

Selbstbewusstsein litt darunter. Die negative Einstellung zum Leben hemmte auch meinen Lerneifer. Meine Zeugnisse waren nicht die allerbesten. Als es dann nach dem Verlassen der Schule um die Berufswahl ging, wusste ich gar nicht, was ich jetzt werden sollte. Ich durfte mich nicht überanstrengen, denn oft war mein Stumpf wund, und es dauerte Wochen, bis ich die Prothese wieder anziehen konnte. In dieser Zeit fand ich Zugang zu Büchern. Ich verschlang jedes Buch, das mir unter die Hand kam, vor allem Märchen und Erzählungen. Es war mein Vater, der mir riet: „Marion, wie wäre es, wenn du den Beruf der Buchhändlerin erlerntest?" Ja, dieser Vorschlag gefiel mir. Das wäre der ideale Beruf für mich. Ich fand sogar eine Stelle, aber ich musste aus diesem Grunde in eine andere Stadt ziehen und litt stark unter Heimweh. Hinzu kam, dass mein Vater in einen Ort an der Ostsee versetzt wurde, und ich höchstens einmal im Monat nach Hause fahren konnte. Leider ist auch meine Mutter früh verstorben, und so brachen die familiären Bande auseinander. In der Buchhandlung strengte ich mich mächtig an, aber ich merkte, dass ich auf die Dauer diesen Beruf nicht würde ausführen können. Er war zu anstrengend für mich. Ich konnte es nicht verkraften, mehrmals am Tage auf eine Leiter zu steigen und ein Buch oben aus den Regalen herunter zu holen. In dieser Zeit entdeckte ich meine Liebe zur Musik. Ich interessierte mich für das Klavierspiel und überlegte, ob ich nicht Kantorin werden könnte.

Und wirklich erreichte ich mit eisernem Fleiß mein Ziel.

Aber in diese Zeit fiel noch ein anderes Ereignis. Ich lernte an der Ostsee einen Menschen kennen, an dessen Schulter ich mich gerne anlehnte, der mir Liebe versprach und ich sie ihm auch erwiderte. Aber ich bin einer Illusion erlegen. Ich wurde schwanger und musste zugleich erfahren, dass mir mein Freund den Rücken kehrte. Den Himmel auf Erden hatte er mir versprochen. Aber als er Vater eines Sohnes wurde, hat er sich schnell aus dem Staub gemacht. Ich war maßlos enttäuscht. Mein Traum vom Glück war wie eine Seifenblase zerplatzt. Am meisten aber machte es mir zu schaffen, dass mich mein Vater im Stich gelassen hatte. Schande hätte ich mit dieser Schwangerschaft auf die Familie gebracht. Das verzeihe er mir nicht. Nun stand ich ganz allein auf der Welt da und musste zudem einer Risikogeburt entgegensehen. Kein Menschenohr hier auf Erden und kein Gottesohr oben im Himmel war mir zugewandt. In stillen Stunden habe ich geweint, ja sogar geschrien. Aber meine Schreie blieben in den eigenen vier Wänden hängen, und meine Tränen weinte ich nachts in meine Kissen. Keiner nahm sich meiner an. In der Stunde der Geburt, als das Leben meines Sohnes am seidenen Faden hing, wollte ich auch nur noch sterben. Aber mein Junge blieb am Leben, und ich gab ihm den bedeutungsvollen Namen Johannes. Das heißt: Gott ist gnädig. Jetzt wollte ich wieder leben, denn dieses Kind war mir überaus wertvoll und stellte mich vor eine große Verantwortung. Mein Sohn verlieh mir Kräfte, die ich zuvor noch nie gekannt hatte. Ich liebte meinen Jungen und wollte ihm die beste Pflege und Erziehung angedeihen lassen. Aber Johannes und ich hatten mit vielen Widerwärtigkeiten zu kämpfen. Der Vater meines Sohnes heiratete und bezog ausgerechnet mir gegenüber eine Wohnung. Seine Frau gebar ihm noch zwei Söhne. So wuchsen alle drei Kinder heran, aber die beiden Stiefgeschwister durften nicht mit Johannes spielen. Er wurde wie ein Aussätziger gemieden. Das tat mir weh. Mir kroch jedes Mal ein eiskaltes Grauen den Rücken hoch, wenn ich beobachtete, wie Johannes abgewiesen wurde. Er durfte sich diesen beiden Kindern noch nicht einmal nähern. Mir blieb letztlich keine andere Wahl. Ich hielt diese Demütigungen nicht aus und zog in eine andere Stadt, nahm dort eine Stelle als Kantorin an und sorgte für mein Kind, so gut ich es vermochte. Nach seiner Schulzeit erlernte er den Beruf eines Installateurs und wurde in einem Betrieb ein tüchtiger Arbeiter, dem sein Chef größtes Vertrauen entgegenbrachte. Manchmal werde ich an das Wort des Joseph im Alten Testament erinnert: *„Die Menschen gedachten es böse zu machen, aber Gott machte es gut mit ihm."* Als Johannes auf eigenen Füßen stand, hatte ich sogar wieder den Mut, eine neue Beziehung einzugehen. Ich lernte meinen Mann kennen, wir heirateten und nun sind wir schon sechs Jahre in unserer Ehe glücklich. Heute stehe ich nicht mehr draußen vor der Tür, die mir meine eigenen Angehörigen zugeschlagen haben. Ich habe meine Liebe gefunden, und das allein zählt.

Unser lieber Nachbar Malek

Es ist erstaunlich, wie viele Ratschläge uns in der Bibel für den Umgang mit unserem Nächsten gegeben werden. So las ich in den Sprüchen von Jesus Sirach: *„Ein treuer Freund ist ein starker Schutz; wer den hat, der hat einen großen Schatz. Ein treuer Freund ist mit keinem Geld noch Gut zu bezahlen. Ein treuer Freund ist ein Trost des Lebens. Wer Gott fürchtet, der kriegt solch einen Freund"* (14-16).

Wie dankbar bin ich unserem Nachbar Malek in Arolsen. Er war ein solch treuer Freund. Unsere beiden Eigenheime lagen dicht beieinander, und wir waren fast zur gleichen Zeit in dieses Neubaugebiet eingezogen. Mit großem Elan und Geschick legte sich unser Nachbar seinen Garten an. Er war ein Blumenliebhaber und hatte sich im Herbst viele verschiedene Tulpenknollen aus Holland schicken lassen. Nach einem bestimmten Plan pflanzte er die Zwiebeln in die Erde und steckte an jede einzelne ein buntes Stäbchen, damit er wüsste, welche Farbe sie habe und welche anderen Blumen dazu passen würden. Er war wirklich ein Meister im Gartenbau. Spaziergänger blieben oft vor seinen Beeten im Frühjahr stehen und sahen sich seine Pracht an.

Unser Gottfried – er war etwa drei Jahre alt – war oft bei Onkel Malek. Er liebte den kleinen Schatz und oft hatte er in seinen Hosentaschen Süßigkeiten versteckt, die er unserem Sohn schenkte. Manchmal gab er Gottfried auch einen kleinen Rechen in die Hand und wies ihm ein Stückchen Land zu. Natürlich wollte sich unser Sohn für so viel Liebe erkenntlich zeigen und versuchte, Onkel Malek zu helfen. Voller Eifer machte er sich eines Tages daran, die kleinen Stöckchen aus der Erde zu ziehen; denn sie würden ja bei der Blüte nicht in bunten Farben erstrahlen. Als er alle Stäbchen aus der Erde heraus gezogen hatte, ging der kleine Kerl auf unseren Nachbar zu und überreichte ihm stolz die geleistete Arbeit. „Gell, Onkel Malek, wenn du mich nicht hättest, könntest du nie und nimmer die Arbeit in deinem Garten schaffen."

Bei unserm Nachbar stieg der Ärger hoch. Sein Gesicht wurde ganz rot vor Wut. Alle seine Mühe mit dem großen Tulpenbeet war vergeblich. Er schimpfte mächtig los. Erschrocken schaute Gottfried ihn an und wusste nicht, warum der Onkel Malek so böse wurde. Aber da war auch schon seine Frau zur Stelle, nahm unseren Gottfried auf den Arm und beruhigte ihren Mann. „Komm, Peter, vergiss deinen Zorn. Das Kind hat es doch nur gut gemeint. Du kannst jetzt gespannt auf das Frühjahr warten und staunen, wie bunt die Tulpen blühen werden." Dass ich unserem Nachbar im Herbst neue Tulpenknollen brachte, muss ich nicht unbedingt erwähnen.

Ein ärgerliches Geschehen

Ich muss an eine Begebenheit denken, die ein gutes Nachbarschaftsverhältnis fast in die Brüche gehen ließ. Unsere Anne Ruth war gerade in den Kindergarten gekommen. Und wie das oft geschieht, lernen die Kleinen hier im Umgang mit ihren Freunden eine Menge neuer Schimpfworte. Damit können wir natürlich nicht einverstanden sein. Einmal wollte die Pfarrerswitwe, die zwei Straßen unter uns wohnte, den Heimweg abkürzen und lief über unser Grundstück. Am Tag zuvor hatte ich unseren beiden Kindern beigebracht, dass sie nicht auf fremden Gartenwegen Fahrrad fahren sollten. Im Neubaugebiet gab es noch keine Zäune, und die Straßen waren auch noch nicht angelegt. So hatte ich meinen Beiden genau gezeigt, wo unser Land anfängt und wo es aufhört. Mit Stökken kennzeichnete ich unser Grundstück. Unter allen Umständen wollte ich mit meinen Nachbarn Ärger vermeiden.

An einem Nachmittag pflückte ich gerade Bohnen und hörte, wie unsere Anne Ruth böse und hässliche Schimpfworte zu der Pastorenfrau ausstieß. „Du blöde Sch...tante, warum gehst du nicht auf deinem Weg? Unser Land ist für dich verboten." Natürlich stellte ich meine Schüssel schnell ab, ging auf Frau Buschmann zu und entschuldigte mich für das Verhalten meiner Tochter. Aber das sollte mir nicht so recht gelingen. „Ihr Mann ist doch Studienrat, Frau Bormuth, und Sie haben auch Theologie studiert, aber von Kindererziehung haben Sie keine Ahnung. Noch nie bin ich in so schäbiger, gemeiner Art von einem kleinen Mädchen beschimpft worden." Alle meine Erklärungsversuche schlugen fehl. Natürlich sprach ich mit meinen Kindern und sagte ihnen, dass sie solche bösen Ausdrücke nie wieder in den Mund nehmen dürften. Es dauerte eine gewisse Zeit, bis Frau Buschmann sich wieder mit mir aussöhnte. Außerdem musste sich unsere Vierjährige bei der Nachbarin entschuldigen. Natürlich liefen ihr dabei einige Tränen über die Wangen. So wurde der Friede wieder hergestellt.

Jens ist tot

Heute Morgen noch hatte der junge Mann bei mir in der Küche herein geschaut und von seiner Arbeitsstelle erzählt, dass ihm der Meister wunderbar bei einer Arbeit geholfen habe. Er erwähnte noch, dass es nun doch bald Frühling werde, denn bei Sonnenaufgang hätte er schon die Vögel zwitschern gehört. Aber nun war Jens plötzlich verstorben. Da geht ein Mensch in der Frühe zur Arbeit und ein paar Stunden später bricht er an der Bushaltestelle zusammen. Zwei Frauen haben ihn dann in ihrem Auto wieder zu uns nach Hause gebracht. Ich erkannte sofort, dass es ernst um ihn stand, und rief Rettungsdienst und Notarzt an. Ich blieb an seinem Bett stehen, hielt seine Hand und spürte, wie die Angst vor dem Tod ihn zittern ließ. „Ich muss jetzt sterben, ja ich muss sterben", rief er noch aus. Ich versuchte ihn zu beruhigen, betete im Stillen und sprach ihm in seiner Todesnot die Worte zu: „Jesus Christus ist bei dir!" Schweißperlen traten auf seine Stirn. Sein Atem ging schwer, er keuchte nur noch, dann bäumte sich sein Körper auf, er stöhnte und sank dann in seine Kissen zurück. Kurz darauf fuhr der Notarzt vor unser Haus, und auch die Rettungssanitäter waren zur Stelle. Sie legten Jens auf den Fußboden und begannen ihn wieder zu beleben. Zwei Stunden lang bemühten sie sich. Es war ein Ringen um Tod und Leben. Mal war der Pulsschlag am Monitor zu beobachten, mal blieb er weg. Ich stand im Nebenzimmer und betete. Inzwischen wurden ihm Spritzen verabreicht und Infusionen angelegt. Aber es war letztlich nicht möglich, seinen Zustand zu stabilisieren. Der Tod war doch stärker als alle Anstrengungen der Sanitäter und des Arztes.

Nun war es meine Aufgabe, die Angehörigen zu benachrichtigen. Sie nahmen den Tod zur Kenntnis, aber zeigten keine Erschütterung. Hätte ich dies auch erwarten können? Vor dreizehn Jahren war Jens nach einem längeren Aufenthalt in der psychiatrischen Klinik zu uns gekommen. Die ersten Monate waren für ihn recht schwierig gewesen. Er musste die alltäglichen Dinge neu lernen, z. B. wie man einkauft, telefoniert, zur Bank geht und sein Zimmer in Ordnung hält. Aber er wollte sein Leben meistern und nicht wieder in die Klinik zurückgehen. Mächtig strengte er sich an und schaffte es auch. In einer Werkstatt für Behinderte konnte er wieder einer Arbeit nachgehen. Aber sein großer Kummer blieb: Er hatte keinen Kontakt zu seiner Familie. Sie hatte ihn einfach abgeschrieben. Einmal sagte er zu mir: „Ach, wenn man erst einmal als Geisteskranker in der Psychiatrie gelandet ist, will keiner etwas mit einem zu tun haben."

Er hatte vor allen Dingen an seinen älteren Bruder Briefe geschrieben, aber nie eine Antwort erhalten. Wenn Weihnachten nahte, dann saß er oft bei mir auf der Eckbank, schaute aus dem Fenster und wartete auf den Briefträger. Hielt der Postwagen vor unserem Haus, dann rief er ganz aufgeregt: „Kommt jetzt ein Weihnachtspaket für mich?" Der Postbote klingelte zwar an unserer Tür, lieferte aber nur einen Packen mit Zeitschriften für meinen Mann ab. An seinem Geburtstag rief er bei seinen Verwandten an. Sie müssten ihm doch wenigstens gratulieren, aber er handelte sich nur böse Worte ein, warum er sie denn bei ihrer Arbeit störe. Einmal packte ihn ein solches Heimweh, dass er sich in den Zug setzte und in das kleine Dorf an der Werra fuhr. Dort wurde nämlich Kirmes gefeiert, und er hoffte, dass er an solch einem Tag zu seinen Eltern kommen könnte. Die Demütigung konnte gar nicht größer sein. „Wo kommst du jetzt her? Und was willst du bei uns? Wir hatten mit dir schon genug Last. Zieh Leine und fahr wieder nach Marburg! Dort gehörst du hin!" Am Abend kam er dann niedergeschlagen bei uns an. Über seine Enttäuschung vermochte er erst am anderen Tag mit mir zu reden. Wie einsam kann ein Mensch inmitten einer großen Familie sein, wenn sich die Angehörigen von ihm abwenden. Seit dieser beklemmenden Erfahrung versuchte ich ihm etwas Liebes zu tun. Wenn ich unterwegs war, schickte ich ihm einen Brief oder eine wunderschöne Bildkarte mit einem Spruch aus der Bibel. War ich dann wieder zu Hause, dann sah ich, dass meine Karte mit Stecknadeln an die Tapete geheftet war. In den dreizehn Jahren, in denen Jens bei uns war, ist nie ein Bruder, eine Schwester, seine Mutter oder sein Vater zu Besuch gekommen. Wie ein Ausgestoßener musste er leben. Nun war er ganz plötzlich an Herzversagen gestorben. Nach nur wenigen Tagen fuhren zwei Autos vor, um die Sachen von Jens abzuholen. Wie die Geier stürzten sich die Angehörigen auf die wenigen Habseligkeiten. Binnen einer halben Stunde war alles in den gelben Müllsäcken verstaut: Brille, Fotos, Uhr, Hemden, Hosen Pfannen, Teller und Tassen. Zum Schluss wurden dann noch der Fernseher und der Kühlschrank in die Autos getragen. Es gelang mir noch in der Hektik den Bruder zu fragen, wann denn die Trauerfeier sei. Die Antwort war für mich niederschmetternd. „Eine Beerdigung wird es nicht geben. Die Leiche wird eingeäschert." Ist solch ein Handeln überhaupt zu verstehen? Ich aber trug Leid um einen liebenswerten Menschen, der uns zum Freund geworden war.

Die frostige Nacht am Bahndamm

Kalt war die Nacht, bitterkalt. Außerdem raste ein heftiger Sturm über unser Land hinweg. In den Tagen zuvor war der Schnee in Massen vom Himmel gefallen und hatte zu mächtigen Schneeverwehungen geführt. In dieser Situation war eine Mutter fest entschlossen, dass dies ihre letzte Nacht sein würde. Zu tief waren die Enttäuschungen, denen sie ausgesetzt war. Wie konnte ihr Mann sie nur so gemein verletzen? Treue in guten wie in bösen Tagen hatte er ihr am Altar geschworen. Aber schon nach fünf Jahren schien er sein Versprechen vergessen zu haben. Tags zuvor war er mit einem Kleinbus vorgefahren, hatte sein Hab und Gut eingeladen und war los gebraust. Während einer Kur hatte er ein Techtelmechtel mit einer jungen Ärztin angefangen, und in den sechs Wochen der Reha waren ihm seine Ehefrau und seine beiden Kinder total aus dem Blickfeld geraten. Für Frau König kam dies einer Katastrophe gleich. Immer wieder fragte sie sich: Warum tut mir mein Mann so viel Schreckliches an und lässt mich in meinem Elend sitzen? Sie war in Ängsten, ja verzweifelt. Sie stürzte sogar in eine schwere Depression. So stand ihr Entschluss fest: Ich werde aus dem Leben scheiden, denn mein Traum von einer glücklichen Ehe und Familie ist wie eine Seifenblase geplatzt. Um 19 Uhr 47 würde der Triebwagen von Balingen nach Tübingen fahren. Auf dieser kurvenreichen Strecke war es schon oft zu Unfällen mit Personenschaden gekommen, wie dann offiziell den Reisenden im Zug diese Selbsttötung eines Menschen benannt wurde. Dann musste der Lokführer und auch der Triebwagen ausgetauscht werden. Bis die Polizei kam und den Unfall aufgenommen hatte, vergingen oft mehrere Stunden. Für die Fahrgäste war dies ein schlimmes Ärgernis.

So zog Frau König ihren beiden Jungen – sie waren vier und zwei Jahre – die warmen Anoraks an, band ihnen einen dicken Schal um die Kapuze und fuhr dann mit Jörg und Andreas in Richtung Bahngeleise. In einem Wald ließ sie ihren Wagen etwas abseits auf einem Holzweg stehen, fasste jedes ihrer Kinder an die Hand und stapfte mühsam durch den tiefen Schnee den Bahndamm hoch. Öfter rutschte einer der Jungen aus. Sie froren auch mächtig, begannen zu weinen und fragten besorgt: „Mama, wo willst du hin?" Die Mutter aber schwieg. Öfter schaute sie auf die Uhr. Der Zug hätte doch jetzt kommen müssen. Hatte er wieder einmal Verspätung? „Mama, ich will nach Hause, mir ist so kalt", jammerte Jörg. Andreas begann sogar laut zu schreien: „Meine Hände sind ganz steif, und meine Nase friert." Ängstlich wartete Frau König. Eine Dreiviertelstunde war schon vergangen, und kein Zuggeräusch war zu hören.

„Mama, hier ist doch kein Bahnhof", stampfte Andreas wütend auf den Boden. „Komm, Mama, wir wollen wieder heim." Aber noch immer zögerte die Mutter. Ihre Sinne waren wie umnebelt. Sterben wollte sie, nur noch sterben und die Kinder mit in den Tod nehmen. Ihrem Mann, diesem Ehebrecher, hätte sie sie nie überlassen wollen. Schließlich dauerte auch ihr das Warten viel zu lange, und so beschloss sie, nur noch zehn Minuten auszuharren. So lange wollte sie bleiben. Der Triebwagen müsste doch kommen.

Es war sicherlich Gottes wunderbare Fügung, dass an diesem Abend der Triebwagen in einer Schneewehe stecken geblieben war. Außerdem blockierte ein heruntergebrochener Ast die Fahrbahn. Schließlich nahm die Mutter ihre Söhne an die Hand, und gemeinsam rutschten sie den Bahndamm hinunter. Unten angekommen liefen die Beiden schnell zum Auto. „Heim geht's Mama, endlich heim!" riefen sie nun befreit. Ihr Weinen verstummte. Frau König wollte das Auto wieder auf die Straße lenken, aber sie schaffte es nicht. Die Räder drehten im Schnee durch. Hilflos stand sie im Wald. „Kinder", rief sie aus, „drüben in einiger Entfernung habe ich einen Lichtschein entdeckt. Wir werden dorthin gehen und Hilfe holen." „Mama, das ist aber weit", seufzte der Kleinste. Aber es blieb ihnen ja nichts anderes übrig, und so stapften sie los. Mühsam war der lange Weg. Als sie endlich an der Tür des Hauses angekommen waren und klopften, öffnete ihnen Frau Hoffmann. Sie war überrascht, eine Mutter und zwei kleine Kinder spät am Abend vor sich zu sehen, zumal die Mutter sehr verstört wirkte. Sie bat ihre nächtlichen Besucher herein und setzte sie an den Kamin; denn sie waren schrecklich durchgefroren. „Bleiben Sie hier, ich koche Ihnen erstmal einen heißen Tee, und dann sehen wir weiter." Im anschließenden Gespräch mit Frau König erkannte die Hausbesitzerin, in welch notvoller Lage sich die junge Frau befand. Sie schlug vor, die Mutter mit den Kindern in die Klinik zu bringen; denn die Händchen und Nasen zeigten Erfrierungen. Auch der Zustand der Mutter machte ihr ernste Sorgen. Tiefe Traurigkeit hatte wohl ihre Sinne verwirrt. Da Frau Hoffmann eine Christin war, nahm sie sich später weiter der Not dieser erschöpften und depressiven Kranken an und besuchte sie öfter in der Nervenklinik. Dorthin war sie nämlich eingewiesen worden. Die Kinder aber wurden nach der ärztlichen Behandlung dem Vater übergeben. In dieser bedrängenden Situation erinnerte sich Frau König mehr und mehr an Jesus, der ihr in ihrer Jugend schon nahe gekommen war. Nach ihrer Entlassung aus dem Krankenhaus besuchte sie zusammen mit Frau Hoffmann die Gottesdienste, und die beiden Frauen fuhren sogar gemeinsam zu einer Bibelfreizeit. Im Verlauf dieser frohen Tage nahm Frau König das Wort der Bibel in sich auf wie ein trockener Schwamm das Wasser. So suchte sie mich auf, und in einem längeren Gespräch wurde sie bereit, Christus in ihr Leben aufzunehmen. Ich leitete nämlich diese Rüstzeit. Eine Zeit lang begleitete ich Frau König mit meinen Gebeten und schrieb ihr auch ab und zu einen Brief.

Nun hatte ich über drei Jahrzehnte nichts mehr von ihr gehört. Wie erfreut war ich, als ich ihr eines Tages in einem Freizeitheim begegnete. Erkannt habe ich sie nicht sofort. Aber als sie mir ihren Namen nannte, wurde ich sofort an die dramatische Situation von damals am Bahndamm erinnert. Heute aber stand sie mir strahlend gegenüber und erzählte mir auch gleich von ihren beiden Söhnen. Jörg hatte geheiratet und arbeitete in einem Gymnasium als Englisch- und Religionslehrer. Andreas aber lagen besonders die verwahrlosten Kinder Berlins am Herzen. So hat er den Beruf eines Erziehers gewählt. Wie hat Gott doch alles zum Besten gelenkt. „In einer liebenden Beziehung zu ihm dürfen wir heil werden." Das war Frau König bewusst geworden. Hier bestätigt sich das Wort der Bibel: *„Das Alte ist vergangen; Neues ist geworden."*

Eine Zeitzeugin erzählt aus ihrer Kindheit

Es war ein schrecklicher Tag, als meinen Eltern Haus und Hof genommen wurde. Die russische Regierung wollte ein neues System einführen. Kolchosen sollten in den Dörfern errichtet werden, und so wurden alle Bauern enteignet. Die Pferde mussten sie auf einem freien Platz abliefern, und an ihre Stelle sollten Traktoren treten. Ein Bauern- und Arbeiterstaat wurde neu errichtet. Doch das Chaos, das dadurch entstand, kann sich kein Mensch vorstellen. War z. B. ein Mähdrescher defekt, dann konnte das Getreide nicht gedroschen werden. Man ließ den reifen Weizen auf den Halmen stehen, und wenn der erste Schnee fiel, war die gute, teure Frucht verdorben. Keiner fühlte sich dafür verantwortlich, den großen Maschinenpark in Ordnung zu halten und Schäden zu reparieren. Oft fehlte es auch an Ersatzteilen. Die Verstaatlichung des Eigentums führte zu einer entsetzlichen Misswirtschaft. Die fleißigen und früher so reichen Bauern verarmten mehr und mehr. Die Folge davon war, dass über das Land eine furchtbare Hungersnot hereinbrach. Besonders die Kinder waren davon betroffen. Durch die schlechte Ernährung waren sie bis auf die Knochen abgemagert, und schon der geringste Infekt konnte zum Tode führen. Es war das Ziel der Agrarreform, den russischen Mittelstand, die sogenannten Kulaken aber auch die Großbauern, verarmen zu lassen. Später unter Stalin wurden die Kulaken von 1928 – bis 1930 als feindliche Klasse liquidiert. Ihr Vermögen, das ihnen noch verblieben war, wurde eingezogen, Deportationen folgten, und wer sich den Kommunisten widersetzte, musste mit dem Tod rechnen. Auch meinen Eltern ging es schlecht. Sie hatten aber den Mut, schnellstens ihre Heimat zu verlassen und flüchteten total verarmt in die Stadt Shitomir in die Ukraine.

Ein kinderloses Ehepaar nahm sich ihrer an und gab ihnen in ihrem Haus ein Zimmer, in dem sie wohnen konnten. Familie Borchert waren fromme Christen. In ihrer Wohnung fanden Gottesdienste statt. Dazu wurde die größte Stube ausgeräumt und mit Holzbänken bestückt. Herr Borchert war zum Hausprediger berufen worden. Die Kirchen waren mit solch hohen Steuern belegt, dass die Gläubigen sie kaum noch unterhalten konnten. Einige der Christen verkauften ihre letzte Kuh, um den hohen Geldforderungen nachzukommen. Schließlich verbot man der Bevölkerung den Kirchgang. Unter einem Vorwand wurden ihnen die Gotteshäuser genommen und zu Kinos und Lagerhäusern degradiert. Pfarrer und Priester nahm man gefangen und deportierte sie in die Arbeitslager nach Sibirien.

Als ich im Dezember 1938 geboren wurde, taufte mich Herr Borchert noch. Zu der Zeit war mein Bruder vier Jahre alt. Für unsere Familie war es ein rabenschwarzes Ereignis, als im Mai 1938 ein Auto vorfuhr. Heftig wurde so gegen drei Uhr an die Tür gehämmert, und die Geheimpolizei nahm meinen Vater gefangen. Er wurde in Handschellen abgeführt. Ich weiß nicht, was ihm vorgeworfen wurde, aber schon der Besitz einer Heiligen Schrift oder das Erzählen biblischer Geschichten war Anlass genug, einen Menschen zu verhaften. Sein Urteil lautete: 10 Jahre Zwangsaufenthalt im Gulag in der Eiswüste Sibiriens.

Ich habe meinen Vater nie kennengelernt. Wir alle wissen nicht, wo er verblieben ist. Nur ein Foto existiert noch aus meiner Kindheit. Das wollte meine Mutter Vater später zeigen, wenn er wieder aus dem Arbeitslager entlassen würde. Wie weh muss meiner Mutter die Trennung von meinem Vater geworden sein! Mit meinem Bruder und mir stand sie nun allein da. Sie hoffte und hoffte auf eine baldige Rückkehr, aber ihre Sehnsucht erfüllte sich nicht.

Die Not war in dieser Zeit riesengroß. Meine Mutter war durch die schlechte Ernährung so schwach geworden, dass sie mich nicht stillen konnte. Frau Borchert hatte zur gleichen Zeit ein Baby geboren. Sie hatte viel Milch und stillte mich mit. So überlebte ich. Diese Familie nahm das Wort der Bibel ernst: „Einer trage des anderen Last." Nach der Entbindung ging es meiner Mutter sehr schlecht. Die Sorge um ihren Mann und der Hunger setzten ihr schwer zu. Sie war so abgemagert und krank, dass sie meinte, sterben zu müssen. Aber ihr Wille zu leben und ihre Liebe zu mir und meinem Bruder machten sie stark.

Im Juni 1941 erklärte Hitler Stalin den Krieg. Die Deutschen mussten die Ukraine verlassen und wurden mit Eisenbahnwaggons bis hinter den Ural befördert. Wir überlebten. Zunächst waren die deutschen Truppen siegreich und drangen bis kurz vor Moskau vor. Dann aber setzte der sibirische Winter ein. Stalingrad wurde für die deutschen Truppen zum Verhängnis. Der Mangel an Kriegsmaterial und der fehlende Nachschub brachte dem deutschen Heer eine Schlappe nach der anderen bei.

Wir wurden in einer Aktion nach Deutschland umgesiedelt. In Breslau landeten wir in einem Lager. Die Lebensumstände waren dort katastrophal. Es fehlte vor allen Dingen an Lebensmitteln. Die Kinder kränkelten mehr und mehr, und so wurden sie den Müttern weggenommen und in ein Heim gebracht, um dort aufgepäppelt zu werden. Meine Mutter konnte sich nicht dagegen wehren, dass man ihr beide Kinder wegnahm. Ich war ja noch recht klein und kann mich nur daran erinnern, dass wir in riesigen Sälen schliefen. Die Mädchen waren im Obergeschoss untergebracht und die Jungen im Erdgeschoss. Einmal stand mein Bruder im Treppenhaus. Ich sah ihn und freute mich darüber, denn Jungen und Mädchen durften keinen Kontakt miteinander haben. Ängstlich fragte ich ihn: „Waldemar, haben wir jetzt keine Mama mehr?" Er wusste nicht, was er mir antworten sollte, schwieg, ging wieder in seinen Schlafraum und weinte herzzerreißend.

Aber dann ereignete sich eines Tages doch etwas Frohes. Meine Betreuerin kam zu mir und sagte: „Lilli, heute holt dich deine Mama ab." Ich war darüber etwas verstört, denn durch die lange Trennung konnte ich mich gar nicht mehr an sie erinnern. Kurz darauf wurde ich in ein Büro geführt. Da saß eine für mich fremde Frau. Etwas verschämt blieb ich an der Tür stehen, sah sie an, sagte aber kein Wort. „Aber Lilli", kam meine Mutter auf mich zu", kennst du mich denn nicht mehr?" Da ging mir ein Licht auf. Ihre Stimme war mir vertraut und schluchzend stürzte ich mich in ihre Arme. „Mama, Mama, warum bist du so lange nicht gekommen?" Ich weinte bitterlich. Erst viele Jahre später erzählte uns unsere Mutter, dass sie uns beinahe verloren hätte.

Am Tag, bevor sie uns aus dem Heim holte, verspürte sie eine entsetzliche Unruhe. Sie gewann den Eindruck, als ob eine Stimme sie mahnte: „Hol jetzt sofort deine Kinder!" Sie zögerte, denn sie wusste, dass ihre Kleinen im Heim besser versorgt waren als bei ihr. Aber diese innere Mahnung klang ihr schließlich wie ein Befehl in ihren Ohren, und sie gehorchte. So gingen wir drei gemeinsam ins Lager zurück. Kaum waren wir durch das Tor eingetreten, da vernahmen wir die Stimme des Lagerführers: „Morgen müssen alle Flüchtlinge das Lager räumen. Die russische Front rückt immer näher. Es gilt, dass sie alle westwärts fliehen müssen." Für uns war es ein Glück, dass unser Großvater in unserer Nähe war. Er sagte zu meiner Mutter: „Olga, wir warten nicht bis morgen. Pack schnell das Nötigste zusammen. Wir gehen gleich los." Das war unsere Rettung; denn der nächste Tag wäre schon zu spät gewesen; wir hörten, dass die russischen Panzer den Flüchtlingstreck eingeholt und überrollt hatten. Schrecklich war dieses Geschehen. Die Kettenfahrzeuge fuhren einfach in die Flüchtlingswagen hinein, töteten Männer, Frauen und Kinder in brutaler Weise, und noch nicht mal die Pferde konnten diesem Massaker entkommen.

Als Familie haben wir viel Bewahrung erlebt. Immer wenn ich später im Radio die Suchmeldungen von Kindern hörte, überfiel mich tiefes Mitgefühl. Ach, auch wir hätten meine Mutter und den Großvater verlieren können. Natürlich war für uns auch die Flucht gefährlich. Oft haben wir manche Nacht im Wald verbringen müssen, haben gefroren und gehungert. Und doch sind uns immer wieder Engel begegnet, die uns in ihre Häuser aufnahmen, mit uns ihre Küche und manchmal auch ein Schlafzimmer teilten und uns an ihren Tisch luden. Von dem Wenigen, das sie hatten, gaben sie an uns ab. An gekochte Kartoffelschalen gewöhnten wir uns, und auch die saure Dickmilch tranken wir gern. Wir aßen alles, was den Hunger ein wenig stillte. Wenn wir Kinder zu den

Bauern betteln gingen und ein Stück Brot, ein Ei oder einen Apfel geschenkt bekamen, war dies wie Weihnachten und Ostern zusammen. So groß war unsere Freude.

Erben sollte eigentlich etwas Schönes sein

Mit der Frage: „Darf ich dieses Erbe annehmen?", kam Frau Vogt zu mir und erzählte mir ihre Geschichte mit der Nachbarin. Es ist erschütternd, wie erniedrigend, gemein und brutal alte Menschen von ihren nächsten Angehörigen manchmal behandelt werden. Dabei steht in der Bibel ganz klar und deutlich: „Wer seine eigenen Hausgenossen nicht versorgt, ist schlimmer als ein Heide." Das Ereignis, von dem ich berichte, spielte sich in der Nähe von Bremen ab.

Frau Börner wohnte schon seit Urzeiten mit ihrer Tochter zusammen. Das Verhältnis von Christine zu ihrer Mutter war erschreckend böse. Warum sie so hässlich zu ihrer Mutter war, ist kaum zu erklären. Sie war verbittert und voller Hass und ließ ihren Zorn an ihrer Mutter aus, die eigentlich in ihrem hohen Alter von 82 Jahren besondere Pflege und liebevolle Zuwendung gebraucht hätte. Mehrmals war es schon passiert, dass Frau Börner aus Angst vor ihrer eigenen Tochter zu ihrer Nachbarin geflüchtet war. Andrea Vogt wusste um die verheerenden Zustände in dieser Familie und nahm die Nachbarin freundlich in ihr Haus auf. Sie bot ihr nach einer heftigen Auseinandersetzung mit ihrer Tochter sogar an, bei ihr wohnen zu bleiben, und richtete ihr ein Zimmer mit Bad im oberen Stockwerk ein; denn ihre Tochter hatte das Haus zum Studium in Bremen verlassen. Hier fühlte sich Frau Börner wohl und brauchte keine Angst mehr vor Schlägen und Demütigungen zu haben. Eigentlich war dieser Aufenthalt nur für kurze Zeit angedacht, aber daraus wurden drei Jahre. Die beiden Nachbarinnen verstanden sich sehr gut, besuchten gemeinsam die Gottesdienste und gehörten auch zu einem lebendigen Hausbibelkreis.

Aber dann folgten Monate, in denen sich der Gesundheitszustand von Frau Börner merklich verschlechterte. Sie brauchte besondere Pflege, und das konnte Andrea Vogt nun nicht mehr leisten. Sie war Bäuerin eines stattlichen Hofes und ging ihrem Mann tapfer zur Hand. So sannen die beiden Frauen nach einem Ausweg und kamen überein, dass Frau Börner in ein Altenheim umziehen sollte. Dadurch sei die Pflege besser gewährleistet. Es war eigentlich schon vorauszusehen, dass ihre Lebenszeit bald zu Ende gehen würde. Nur zwei Monate blieb sie auf der Pflegestation, und dann holte sie Gott heim in seine neue Welt. Ihrem Elend war nun ein Ende gesetzt.

Schon vor ihrem Umzug ins Altenheim hatte Frau Börner festgesetzt, dass Andrea ihr Haus erben sollte. Testamentarisch hatte sie das niedergeschrieben. Andrea hatte ihr gegenüber Bedenken geäußert. Sie könnte die hohe Erbschaftssteuer nicht bezahlen, und außerdem wäre sicher ihre böse Tochter nicht damit zufrieden und würde sie als Erbschleicherin im Dorf verleumden. Aber Frau Börner entkräftete diese Bedenken: „Für die Erbschaftssteuer habe ich ein Sparbuch angelegt, das mit in das Erbe einfließen soll. Außerdem habe ich einige Tausende gespart, damit ihr mein altes Haus renovieren könnt. Meiner Tochter werde ich nicht einen Cent überlassen. Sie hat mir in meinem Leben zu viel Übles angetan. Bitte, Andrea, nimm das Erbe an. Was hätte ich ohne deine Liebe und Hilfe anfangen sollen? Du bist mir in all den Jahren eine wunderbare Stütze geworden. Dafür möchte ich dir danken."

Nun war der Tag näher gerückt, an dem nach dem Tod von Frau Börner die Testamentseröffnung folgen sollte. Andrea Vogt war sich nicht sicher, ob sie das Erbe nicht doch lieber ausschlagen sollte. Sie fürchtete sich vor der üblen Nachrede und wollte auf keinen Fall als Erbschleicherin im Ort dastehen. Mit diesem Problem war sie nun zu mir gekommen. Ich überlegte lange und betete. Dann riet ich ihr, das Haus doch anzunehmen; denn es geht letztlich darum, dass der Wille des Verstorbenen respektiert wird. Um das Geschrei der hässlichen Tochter sollte sie sich nicht kümmern. Das ganze Dorf wusste ja, wie schäbig und niederträchtig sie mit ihrer Mutter umgegangen war. Wir müssen in dieser Welt durch gute und böse Gerüchte gehen. Aber letztlich müssen wir uns für unser Verhalten vor Gott verantworten. Er wird am Ende unserer Tage das letzte Wort über unser Tun sprechen. So war mein Rat: „Nehmen Sie das Erbe an und verwalten Sie es im Sinne Ihrer alten Freundin."

„Ja", sagte Andrea Vogt, „dieser Meinung war auch mein Mann. Selbstverständlich werden wir uns auch um die Beerdigung und die Grabpflege kümmern. Ich danke Ihnen, liebe Frau Bormuth. Bitte beten Sie noch mit mir." Wir falteten die Hände und baten unseren Herrn Christus, dass er alles zum Besten hinausführen sollte.

Fünf Tage später brachte mir Fleurop zum Dank für einen hilfreichen Ratschlag einen wunderschönen Blumenstrauß. Ich nahm an, Frau Vogt hatte ihn in Auftrag gegeben, denn eine Grußkarte fand ich nicht.

Stark in der Not und innig in der Liebe

Ida Druckmüller erzählt aus ihrem Leben:

Waren das ein Jubel und eine Freude, als an einem kalten Novembertag 1933 zu den fünf Brüdern und einer Schwester noch ein hübsches kleines Mädchen in Misken in Ostpreußen geboren wurde. Schnee war schon in Massen gefallen und bedeckte das Land mit einem weißen Tuch. So wurde es mir nämlich später erzählt. Zwölf strahlende Kinderaugen standen um meine Wiege und bestaunten das neue, wunderschöne Baby. Endlich war es geboren; denn in unserem Dorf, in dem sich die Störche auf dem hohen Kirchturm ihr Nest gebaut hatten, war doch das laute Rufen der Geschwister gehört worden:

„Storch, Storch, guter, schenk uns einen Bruder!
Storch, Storch, bester, bring uns eine Schwester!"

Es war eine alte, von meinem Großvater selbst gebaute Wiege, in der schon alle Erdenbürger der Familie gelegen hatten. Für meine Mutter bedeutete ich als siebtes Kind eine große Herausforderung, denn der jüngste Bruder war ja erst gut ein Jahr alt. Aber diese Sorgen mögen sich andere gemacht haben. Für die

Mutter war das Glück unbeschreiblich. Jedes ihrer Kinder nahm sie dankbar aus Gottes Hand an. Ihre Kinder waren für sie ein Wunder und ein herrliches Geschenk. Bald schon wurde dann auch die Taufe in der Kirche festlich gestaltet, und ich erhielt den Namen Ida. Ich gedieh prächtig. Mutter konnte mich gut ernähren, denn aus ihren Brüsten sprudelte so viel Milch, dass auch der Einjährige der Familie ab und zu in den Genuss der gesunden Muttermilch kam. So wuchs unsere große Geschwisterschar heran.

Auf unserem Bauernhof liebten wir unsern Hund Ronja, das Kätzchen Mienchen, unser lustiges, zahlreiches Federvieh, die munteren Kaninchen und vor allen Dingen die Kühe, Schweine und Pferde. So war mein Leben reich an tollem Erleben. Unsere Spielmöglichkeiten reichten auch bis zum Wald, und der Förster mit seinen beiden Jagdhunden wurde unser Freund. Manchmal kümmerten wir uns auch um ausgesetzte Rehkitzchen, die verletzt waren und nun eine neue Überlebenschance erfuhren. Aus dem Wald holten wir uns das duftende Moos, wenn wir unsere Osternester bauten. Welch ein Jubel brach bei uns auf, wenn sie mit bunten Eiern gefüllt waren. Als ich größer war, durfte ich sogar beim Färben mithelfen. Mir hätte es auch gefallen, wenn mir der Traum vom Osterhasen nicht von meinem älteren Bruder zerstört worden wäre. Eigentlich waren alle Jahreszeiten schön. Im Winter fuhren wir auf dem zugefrorenen Teich Schlittschuh oder wurden auf einem Pferdeschlitten mit klingenden Schellen über Land gefahren. Wenn der Frühling erwachte und in unserem Garten die Blumen blühten, freute sich vor allem meine Mutter an den Schneeglöckchen, Tulpen, den ersten Veilchen und auch an den Maiglöckchen. Im Sommer strahlte die Sonne heiß vom Himmel. Oft zogen dann am Abend oder in der Nacht dunkle Gewitterwolken auf. Die Blitze zuckten, und vor allen Dingen die entsetzlich lauten Donner machten mir Angst. Dann krochen wir Kleinen schnell in die Betten unserer Eltern. Hier fühlten wir uns geborgen und befreit atmeten wir auf, wenn das Gewitter wieder abgezogen war. Zur Erntezeit reiften im Wald die Himbeeren, Blaubeeren, Preiselbeeren und Brombeeren. In Scharen zogen wir mit unseren Eimerchen los. Wenn unsere Gefäße nach Stunden gefüllt waren, trotteten wir müde nach Hause. In der Küche kochte dann Mutter köstliche Marmelade, deren Gläser die Regale in der Speisekammer füllten. Der Wald barg viele Schönheiten und Geheimnisse. Besonders lauschten wir dem Gesang der Vögel, und manchmal gelang es uns auch, einen scheuen Kuckuck im Geäst der Buchen aufzuspüren. Sein Ruf drang weit bis in unser Dorf.

Mit sechs Jahren wurde ich eingeschult. Mein ganzer Stolz war meine Schiefertafel. Den Griffelkasten verstaute ich im Ranzen meines Bruders; denn ich besaß keinen. Von der ersten bis achten Klasse wurden alle Schüler in einem Raum unterrichtet. Wie glücklich war ich, als ich das Lesen gelernt hatte. Unseren Lehrer liebte ich, auch wenn er sehr streng war. Das Schwätzen mit dem Nebenmann war verboten und wurde mit dem Stock bestraft. Einmal widerfuhr auch mir das Missgeschick, und noch Tage danach tat mir meine Hand weh.

1942 wurde unser Lehrer zum Militär eingezogen. Ein behelfsmäßiger Unterricht war nun die Folge. Nur zweimal in der Woche hatten wir Unterricht, und im Winter, wenn der Schnee meterhoch lag, fielen die Schulstunden ganz aus, weil es der Lehrer aus dem Nachbarort nicht schaffte, zu uns zu kommen.

Manchmal mussten wir Schüler auch in ein anderes Dorf zum Lernen laufen. Ich brauchte diesen weiten Weg nicht zu gehen, da ich zu meiner Großmutter zog. Sie war sehr krank und litt an einer Lungenentzündung. So sollte ich ihr im Haus helfen. Ich kaufte für sie ein, holte Holz und Wasser in die Küche und verrichtete andere kleine Handreichungen für sie. In diesem Ort konnte ich auch in die Schule gehen. Die neue Lehrerin nahm mich liebevoll in ihre Klasse auf, und ich brauchte mich nicht mehr zu fürchten, Stockschläge zu erhalten. Als es Oma wieder gut ging, durfte ich nach Hause, und das tolle, fröhliche Leben mit meinen Geschwistern machte mich glücklich.

Das Elend meiner Großeltern aber legte sich mir schwer aufs Herz. Drei ihrer Söhne waren schon gefallen, und auch der vierte überlebte den Krieg nicht. Warum nur musste es in unserem Land Krieg geben? Zwei meiner Brüder wurden auch zum Militär eingezogen, und meine ältere Schwester kam zum Kriegseinsatz. Auch meine Brüder mussten mit ihren 15 und 16 Jahren schon an der polnischen Grenze Schützengräben ausheben.

Unsere Familie litt besonders, als mein Vater schwer erkrankte und für längere Zeit in einem Krankenhaus untergebracht werden musste. Ganz gesund wurde er nicht mehr. Als die russische Front im Frühsommer 1944 immer näher rückte und Ostpreußen einzunehmen drohte, baute mein Vater mit Hilfe von uns Kindern einen Fluchtwagen. Es gelang uns auch, mit vereinten Kräften die Kartoffeln und Rüben auf dem Feld zu ernten. Jede Hand wurde dabei gebraucht. Dann kam das letzte Weihnachtsfest, das wir noch in unserer Heimat feiern konnten. Viel Schnee war gefallen, und die Temperaturen lagen bei minus 20 Grad. Meine Mutter war mit den Kindern, die noch zu Hause waren, und mit ihrem kranken Mann stark herausgefordert. Auch wenn sie eine starke Frau war, lag die ganze Arbeit schwer auf ihren Schultern und bedrückte sie. Mein ältester Bruder, der noch zu Hause war, leistete mit seinen 12 Jahren Gewaltiges. Im Stall versorgte er das Vieh, aber er verstand es noch nicht, die Pferde an- und auszuspannen.

Weihnachten 1944 wurde für uns ein trauriges Fest. Wir bangten auch um unsere Geschwister, die an der Front kämpfen mussten. Würden wir sie je wieder in die Arme schließen können? In der guten Stube stellten wir einen Tannenbaum auf.

Jedes Jahr war es uns erlaubt, kostenlos eine Tanne aus dem Wald zu holen, weil Vater im Winter immer als Forstarbeiter eingesetzt wurde. Im Dorf gab es keine jungen Männer mehr, und auch die Buben von 16 Jahren wurden zum Volkssturm eingezogen. Oft wusste meine Mutter nicht, wie sie die nötige Arbeit auf dem Hof verrichten sollte. Mein jüngster Bruder war gerade mal drei Jahre alt, und meinem Vater ging es von Tag zu Tag schlechter. Am 5. Januar 1945 erlöste ihn Gott von seinem schweren Leiden, und wir durften ihn noch auf dem heimatlichen Friedhof beerdigen. Er wurde nur 48 Jahre alt. Wie oft lag ich nachts in meinem Bett und weinte in meine Kissen. Ich liebte meinen Vater, aber nun war er nicht mehr da. Wir vermissten ihn sehr. Meine Mutter schickte fünf Telegramme, vor allem an die Kinder, die in Russland kämpften. Nur drei Geschwister konnten zur Beerdigung kommen, mussten aber am nächsten Tag wieder zu ihrer Einheit zurückkehren.

Allmählich ahnte Mutter, dass unsere Zeit in der Heimat bald vorbei sein würde. An einem Samstagmorgen war ich noch in der Schule, aber dann wurden wir schon nach der ersten Stunde von der Lehrerin nach Hause geschickt, ohne dass sie uns einen Grund nannte. Am nächsten Tag aber, es war der 21. Januar 1945, sollten wir um acht Uhr unser Haus verlassen. Meine Mutter und meine ältere Schwester arbeiteten den ganzen Tag bis in die Nacht, um die nötigste Bekleidung und die Lebensmittel zu richten und zu verpacken. Sie backten Brot, schlachteten Geflügel und luden drei Zwanzigliterkannen mit Milch auf den Wagen, die bald zu Eis gefroren war. In Decken und Federbetten eingemummt verließen wir unseren Hof und fuhren mit unserem Wagen einer ungewissen Zukunft entgegen. Unser kleiner Mischlingshund Bobby lief uns noch bis zum Tor nach. Zuvor hatte Mutter noch dafür gesorgt, dass das Vieh gefüttert und die Kühe gemolken waren. Es wurde uns gesagt, dass Knechte uns das Vieh westwärts nachtreiben würden. Aber das war eine Lüge. Wahrscheinlich landeten unsere Tiere in Polen oder Russland.

Eine weite, mühevolle Reise nahm ihren Anfang. Auf den Straßen stauten sich die Flüchtlingstrecks. Nur mühsam kamen wir voran. Oft war unser Weg vom zurückflutenden Militär blockiert. Brach die Nacht herein, dann versuchten wir irgendwo eine Unterkunft für uns und unsere Pferde zu finden. So erreichten wir Rastenburg in Ostpreußen. Oft geriet unser Wagen auch unter Fliegerbeschuss. Die Flucht war grauenvoll. Ganze Dörfer und Städte wurden ein Opfer der Flammen. Um die Pferde nicht allzu sehr zu beanspruchen, wechselten wir uns ab und liefen neben unserem Wagen her. Auch Hunger und Kälte machten uns zu schaffen. Dicke Frostbeulen waren die Folge, die dann über Jahre nicht heilen wollten und uns mächtig quälten. Wenn der Treck in einen Stau geriet, sprangen wir vom Wagen herunter und eilten schnell in ein Haus, um uns etwas aufzuwärmen. Mutter aber blieb immer bei unserem Fuhrwerk.

Einmal passierte uns ein großes Missgeschick. Als wir wieder zu unserem Wagen laufen wollten, war Mutter mit den anderen Geschwistern verschwunden. Wir liefen die Straßen auf und ab, konnten sie aber nicht finden. Nun trotteten wir zwei Kleinen neben unserer großen Schwester allein weiter. Wir waren verzweifelt. Wir hatten jetzt nicht nur unsere Heimat, unser Haus und unseren Hof verloren, sondern auch unsere Mutter und unsere anderen Geschwister. Am nächsten Morgen nahm uns weinende Kinder ein Militärfahrzeug Richtung Westen mit. Es war bitter kalt, und wir waren steif gefroren. Große Angst empfanden wir immer vor den feindlichen Fliegern. Psalm 91 wurde uns zu einem tröstenden Wort: *„Gott hat seinen Engeln befohlen über dir, dass sie dich behüten auf allen deinen Wegen, dass sie dich auf Händen tragen und du deinen Fuß nicht an einen Stein stoßest."* Wir blieben bewahrt und erreichten das Frische Haff. Ernähren durften wir uns von der Feldküche der Soldaten. Sie teilten das letzte Stück Brot mit uns.

Die russische Front war uns nun dicht auf den Fersen und hatte um Ostpreußen herum einen Kessel gebildet. Uns blieb nur noch der Weg über das Haff. Aber da die Sonne das Eis brüchig werden ließ, mussten wir wieder auf frostige Tage warten. Es gab keinen anderen Weg, aus Ostpreußen herauszukommen. Weder Bahn noch Schiff standen uns zur Verfügung. Als das Haff wieder fest zugefroren war, wagten wir, es zu überqueren und waren glücklich, als wir wieder festen Boden unter unseren Füßen hatten. Vielen Flüchtlingswagen war es schrecklich ergangen. Menschen und Vieh brachen in dem dünn gewordenen Eis ein und ertranken in den Fluten. Wir aber blieben vor solch einem Unglück bewahrt. Nun gelang es uns, mit der Fähre unseren Weg fortzusetzen, und wir erreichten Danzig. Von hier brachte uns ein Güterzug Richtung Schleswig-Holstein. Entsetzlich war die Fahrt, denn die Waggons konnten nicht beheizt werden. Auf dem Fußboden war Stroh ausgelegt, und mit der einzigen Wolldecke, die uns noch verblieben war, schützten wir uns gegen die Kälte. Zum Glück waren wir vor unserem Einstieg mit Brot versorgt worden. Es war eine mühselige Reise mit ständigen Aufenthalten mitten auf freiem Feld. Neben mir stand ein Kinderwagen. Es wunderte mich, dass das Baby während der ganzen langen Zugfahrt überhaupt nicht weinte. Auch den anderen Flüchtlingen fiel dies auf. Eine Frau wagte es, in den Kinderwagen zu schauen. Laut schrie sie vor Entsetzen auf: „Der Säugling ist ja tot!" Welch eine Tragik! Die Mitreisenden forderten, dass bei dem nächsten Halt der Kinderwagen ausgeladen werden sollte. Die Mutter aber legte ihre Hand fest an den Griff. Ihr Schmerz war so mächtig, dass sie sich nicht von ihrem Baby trennen konnte. Wer will ihr das verdenken? Ihr Leid war unermesslich groß. Sie schrie laut auf, und keiner wagte es, den Kinderwagen aus dem Waggon zu stoßen.

Da es in dem Zug keine Toiletten gab, hüpften die Menschen bei jedem Halt ins Freie und verrichteten neben den Gleisen ihre Notdurft. Aber man musste gut darauf achten, wenn es weiter ging. Dann sprang jeder schnell wieder auf den Zug auf. Einer half dabei dem andern und zog ihn in den Waggon. Nur einmal passierte es, dass eine Fünfjährige es nicht mehr schaffte, den Zug zu erreichen. Die Mutter schrie auf und mit einem weiten Satz landete sie auf dem freien Feld bei ihrem Liebling. Zurück blieben drei Geschwister, die bitterlich zu weinen anfingen. Ob sie wohl ihre Mutter und Schwester je wiederfinden konnten?

Nach einer Weiterfahrt von drei oder vier Stunden kam es in der Nähe eines Dorfes zu einem längeren Aufenthalt. Eine Durchsage machte uns darauf aufmerksam. Alle Insassen des Zuges rannten schnell los und stürmten in die Geschäfte des Dorfes. Auch unsere Schwester war bemüht, uns mit Lebensmitteln zu versorgen. Mit einem großen acht Pfund schweren Laib kam sie wieder zu uns zurück. Welch eine Kostbarkeit trug sie in ihren Händen, denn wir waren hungrig wie die Wölfe. Am ersten März 1945 erreichten wir unseren Zielbahnhof Eckernförde. Hier grüßten uns die ersten Sonnenstrahlen nach vielen kalten, dunklen Wintertagen. Ein laues Lüftchen umwehte uns, und wir atmeten auf.

In einer leer stehenden Schule wurden wir untergebracht. Der Fußboden war mit Stroh ausgelegt. Wie viele Soldaten und Flüchtlinge schon darauf geschlafen hatten, war nicht auszumachen. Nun konnten wir endlich unsere müden Glieder ausstrecken und schliefen auch sofort ein. Aber leider plagten uns Läuse und Flöhe. Es wimmelte nur so von diesen Plagegeistern. Wir wurden nicht Herr über diese Viecher und mussten sie ertragen. Aber in diesem Flüchtlingslager erhielten wir täglich eine warme Mahlzeit. Sie entschädigte uns für das Jucken und Kratzen. Welch ein Genuss! Nach einigen Wochen wechselten wir in ein anderes Quartier. Zuvor aber wurden wir entlaust – eine schreckliche Prozedur. In einem Raum mussten wir uns alle, ob Weiblein oder Männlein, nackt ausziehen, und unsere Kleider wurden uns abgenommen. Danach ging es zum Duschen und anschließend kamen Schwestern vom Roten Kreuz, die in unsere Haare Läusepulver einmassierten. Danach fühlten wir uns wie neu geboren. Sogar Stockbetten standen für uns bereit. Was mir großen Kummer machte, war die Trennung von meiner älteren Schwester, denn wir beiden Kleinen kamen zu den Waisenkindern. Nun hatten wir nicht nur unsere Mutter verloren, sondern mussten auch noch unsere Schwester entbehren, die für uns auf der Flucht so wunderbar gesorgt hatte. Wenn wir hungrig waren, hatte sie uns ihr Brot gegeben, wenn wir vor Kummer weinten, dann wischte sie uns die Tränen aus den Augen. Aber jetzt waren wir ganz allein auf uns gestellt. Was uns blieb, war der Besuch bei ihr. Das hat uns geholfen, die Zeit des Alleinseins durchzustehen.

Zum Glück wurde Eckernförde vor Fliegerangriffen weitgehend verschont. Immer mehr Flüchtlinge gelangten in diese Stadt. Sooft ein Schiff am Hafen landete, hielten wir nach unserer Mutter und unseren vier Geschwistern Ausschau.

Aber jedesmal gingen wir betrübt wieder in unser Lager zurück.

Wir atmeten befreit auf, als der schreckliche Krieg beendet war. Am 8. Mai rollten englische Panzer durch die Stadt. Nun hatte das Morden ein Ende, und wir machten uns auf die Suche nach unserer Mutter. Es fiel uns ein, dass wir im Ruhrgebiet Verwandte hatten. Drei Schwestern meiner Mutter wohnten dort. Sie schrieben wir an und waren zu Tränen gerührt, als sie uns zu sich einluden. So reisten wir unter vielen Beschwernissen nach Bochum und hielten auf den Bahnhöfen beständig Ausschau nach Mutter. Kurz nach Weihnachten erreichte uns dann ein Brief, über den wir uns zunächst sehr freuten, der uns aber dann doch arg traurig machte. Zwei unserer Geschwister waren auf der Flucht gestorben. Mutter selbst meldete sich aus der Ostzone. Dass sie und unsere

Schwester und der Bruder noch lebten, war uns das schönste Weihnachtsgeschenk. Aber die Nachkriegszeit war für uns mit vielen Nöten verbunden. Wir litten Hunger, und vor allem ging es mir schlecht. Ich war total abgemagert, litt an Magenschmerzen und hatte an beiden Füßen hässliche Frostbeulen. Unser Glück war, dass wir zu frommen, lieben Menschen in Westfalen Kontakt bekamen, die mich aufnahmen, so dass ich mich wieder bei ihnen erholen konnte. Jeden Abend betete ich oft unter Tränen, dass doch bald meine Mutter kommen möge.

Erst nach Ostern 1946 begann für mich der Unterricht. Aber die Versäumnisse während der Flucht ließen sich nicht so schnell wieder aufholen. An einem sonnigen Herbsttag sammelte ich mit einer Schulkameradin an einem Bahndamm Heilkräuter. Plötzlich hörte sie eine Stimme, die laut rief: „Kommt bitte schnell nach Hause!" Ganz aufgeregt fragte ich: „Ist meine Mama gekommen?" Meine Gebete waren erhört worden. Mutter war mit meinem kleinen sechsjährigen Bruder und der großen Schwester hier angelangt. Wir liefen, so schnell uns unsere Füße tragen konnten, zu ihr. Die Freude lässt sich nicht beschreiben. „Mama, nimmst du mich jetzt gleich mit zu dir?", flog ich ihr in die Arme. Aber zuerst musste sich meine Mutter um eine Wohnung kümmern, ehe die Familienzusammenführung möglich war.

Der Abschied von meinen Gasteltern, die mich so liebevoll betreut hatten, fiel mir nicht leicht. Ihre

Gebete bei Tisch und die tägliche Bibellese hatten mir in dieser qualvollen Zeit geholfen, den Verlust meiner Mutter zu ertragen. Später wollte ich, so mir Gott auch eine eigene Familie schenken würde, das Lesen des Wortes Gottes und das Beten einführen. Aber nun kehrte eine echte Freude in unserer Familie ein. Wir waren wieder vereint, auch wenn zwei Geschwister nicht mehr in unserer Mitte waren. Außerdem gaben mir meine Pflegeeltern viele Geschenke mit. Sogar ein Bett schickten sie an die neue Adresse. Aber es war nicht leicht, unter so dürftigen Verhältnissen zu leben. Uns half nur, dass wir für die Bauern auf den Feldern arbeiten konnten. Dafür erhielten wir Zuckerrüben, aus denen wir Sirup kochten, und Kartoffeln. Unter dem Mangel an warmen Kleidern und Kohlen litten wir sehr. Meist war es kalt in unserer Stube. Jeden Tag wurde der Strom für mehrere Stunden abgeschaltet. So wuchs ich unter ärmlichen Bedingungen heran, aber ich lebte.

Ich durfte in unserem Ort den Konfirmandenunterricht besuchen. Wir feierten sogar ein wunderschönes Fest. Unsere Nachbarn, die Bauern waren, brachten uns alles, was Mutter für ein gutes Essen brauchte. So erlebten wir Gottes wunderbare Hilfe.

Die Schulzeit ging für mich zu Ende, und ich erhielt eine Arbeitsstelle als Kindermädchen. 20 Mark verdiente ich. Aber diese Tätigkeit befriedigte mich nicht. Ich wollte gern Krankenschwester werden und wechselte mit 19 Jahren in eine Klinik, wo ich zunächst als Stationshilfe arbeitete. Erst 1954 durfte ich in Hannover als Schwesternschülerin anfangen. Dort bestand ich 1956 mein Examen. Leider war die Pflege der Kranken zu anstrengend für mich, da mein Körper sehr geschwächt war. Ich litt an Rückenmarkstuberkulose infolge der Hungerjahre in der Nachkriegszeit. Es begann eine lange Leidenszeit für mich. Fast vier Jahre musste ich in einem Gipsbett liegen und hatte kaum Bewegungsfreiheit. Außerdem quälte mich ein eitriger Abszess, der sich bis in den Rachenraum und in die Luftröhre ausdehnte. Den Kopf konnte ich nun überhaupt nicht mehr bewegen. 1964 wurde ich aus dem Krankenhaus entlassen. Die Ärzte konnten nichts mehr für mich tun. Erst ein Kuraufenthalt in der Schweiz brachte eine Linderung der Schmerzen. Aber noch immer lag ich im Gipsbett. Nun war ich in diesem schönen Land umgeben von strahlender Sonne und einer herrlichen Winterlandschaft mit hohen Bergen. Nur über einen Spiegel konnte ich die Schönheit in der Natur beobachten. Warm eingepackt wurde ich täglich auf einen Balkon gefahren. Die gute Luft bewirkte eine gewisse Heilung. Nach zwei Monaten durfte ich das Gipsbett verlassen und nach vier Monaten konnte ich es wagen, mich vorsichtig auf meine eigenen Beine zu stellen. Mehr als drei Jahre hatte ich auf diesen Tag gewartet, und nun wurde meine Sehnsucht wahr. Schnell schickte ich meiner Mutter einen Brief. Mit wie viel Erwartung hatte sie immer auf eine Nachricht aus der Schweiz gehofft. Jetzt war der erste Hoffnungsschimmer für mich aufgeblitzt.

Wie viele Schritte würde ich wohl gehen können? Aber zu Schritten kam es zunächst nicht. Ich konnte nur eine Minute vor meinem Bett stehen. Jeden Tag durfte ich eine Minute länger meine Liegestatt verlassen. Später halfen mir zwei Krücken, auf die ich mich abstützte. Ich war der glücklichste Mensch in der Kurklinik. Die Welt erschien mir in einem neuen Licht. Aber bis zur Entlassung dauerte es noch ein ganzes Jahr. Auf alle Fälle durfte ich bei meinen Gehversuchen nicht stürzen, denn dann wäre alle ärztlich angewandte Kunst zunichte gemacht worden. Bei jedem Spaziergang in den Ort wurde ich von einer Krankenschwester begleitet. Auch Freunde stellten sich mir zur Verfügung.

Am 14. März 1964 wurde ich entlassen. Welch ein Freudentag! Auf dem Bahnhof wurde mir im Zug ein ganzes Abteil zur Verfügung gestellt, damit ich mich auf der langen Fahrt nach Hause hinlegen konnte. Meine Brüder holten mich am Bahnhof mit einem Auto ab. Wir strahlten alle vor Freude. Stürmisch wurde ich begrüßt, und die Tränen rannen mir vor innerer Bewegung über meine Wangen.

Nach einer Erholungszeit von einem halben Jahr wollte ich gerne wieder arbeiten. Die Suche nach einer Stelle gestaltete sich sehr schwierig, aber das Annastift in Hannover kam mir zur Hilfe. Ich wollte einfach nicht länger meiner Mutter auf der Tasche liegen. Es dauerte mir alles viel zu lange. Erst nach etwa fünf Jahren war ich bis zu 60 % arbeitsfähig. Im Laufe der Zeit stabilisierte sich mein Körper. Nach einer gefährlichen Blinddarmoperation wurde mir noch einmal eine dreimonatige Kur in der Schweiz gewährt. An den Vormittagen musste ich im Freien liegen, und bis 15 Uhr war eine Mittagsruhe angesagt. Danach folgte eine zweite Liegezeit auf dem Balkon. Bei jedem Wetter musste ich hinaus ins Freie. Und kamen neue Patienten ins Kurheim, dann waren wir alle sehr neugierig.

Einmal reiste ein Erholungssuchender mit einem Auto an. Er war von uns allen sehr begehrt, denn jeder wollte mit ihm eine Spritztour an den Genfer See unternehmen. So durfte ich schöne, erlebnisreiche Nachmittage erfahren. Ich kam dem jungen Mann immer näher und fürchtete mich schon vor der Heimfahrt. Ich hatte Angst, diesen liebenswerten Menschen zu verlieren. Da merkte ich, dass ich mich in ihn verliebt hatte. Er aber auch in mich? Diese Frage beschäftigte mich stark. Bald würde ich mich mit einem Briefwechsel zufrieden geben müssen und könnte meinen Freund nicht mehr sehen. Aber dann kam es mir wie ein Geschenk des Himmels vor, als ich nach meiner Genesung in der Nähe des begehrten Kurgastes eine Arbeit fand. Fast konnte ich es nicht begreifen, wie ein Rädchen ins andere griff. So reiste ich von Norddeutschland nach Württemberg in die Nähe meines Geliebten. Wir fanden immer besser zueinander und wurden uns vor Gott klar, dass wir füreinander bestimmt waren.

Am 4. Mai 1966 war dann die Hochzeit, obwohl mir von ärztlicher Seite gesagt wurde, dass ich meinen Mann nicht lange behalten durfte. Im ersten Moment war diese Diagnose ein Schock für mich. Aber dann reifte in mir der Entschluss: Wenn mir mein Mann nur für eine solch kurze Zeit beschieden sein sollte, dann will ich erst recht zu ihm stehen und ihn heiraten. Hilfreich will ich ihn in seinen letzten Tagen begleiten. Und würde er sterben, dann hätte ich einen Grund mehr, mich auf den Himmel zu freuen. Die Hochzeit fand in einem kleinen Kreis von nur elf Gästen statt. Wir fanden eine bezahlbare Wohnung, und nach zwei Jahren stellte sich Familienzuwachs ein. Alle freuten sich auf den neuen Erdenbürger. Der Bibelspruch im Kreißsaal bereitete mir schwere Gedanken. Es war das Wort, das Hiob einst in seinem schlimmsten Leid erfahren hatte: *„Der Herr hat's gegeben, der Herr hat's genommen, der Name des Herrn sei gelobt."*

Sollte ich mein Baby wieder hergeben müssen? Dieser Gedanke versetzte mich in Angst. Endlich war mein Kind geboren. Ein schöner Junge, kräftig mit fast sieben Pfund und blonden Haaren. Aber ich konnte keinen Schrei meines Babys vernehmen. Uns Eltern war es ein herber Schmerz, als wir feststellen mussten, dass unser Sohn nicht lebensfähig war und schon tot geboren wurde. Ich lag geschockt in den Armen meines Mannes und konnte noch nicht einmal weinen.

Es war schrecklich für mich, als ich nach Hause kam und im Wohnzimmer die leere Wiege stehen sah. Der Schmerz und das Elend hatten mich fest im Griff. Auf dem Friedhof bepflanzte ich das Grab mit Vergissmeinnicht. Ein wunderschöner blauer Teppich breitete sich über die braune, kahle Erde aus. Jedesmal wenn ich Mütter mit einem Kinderwagen sah, musste ich die Straßenseite wechseln. War in der Kirche eine Taufe angesagt, dann konnte ich den Gottesdienst nicht besuchen. Ich hätte die ganze Zeit über weinen müssen. Meine Seele war wund und fast ganz zerschlagen. Dieser Zustand änderte sich erst, als ich wieder schwanger wurde. Zwei Monate vor der Geburt wurde mein Mann schwer krank und sagte mit Tränen in den Augen zu mir: „Ida, das Kind, das wir erwarten, werde ich wohl nicht mehr sehen können." Für mich brach eine Welt zusammen. Ich wusste nicht, wie ich die Geburt allein durchstehen sollte. Doch dann geschah das Wunder. Mein Mann erholte sich wieder, und wir durften uns gemeinsam über ein gesundes, kräftiges Mädchen freuen. Für uns war es das schönste Baby, das es auf der ganzen Welt gab. Sogar in ein eigenes Haus durften wir ziehen. Der Umzug stand unter dem Bibelwort: *„Dies Haus soll ein Bethaus für alle Völker heißen."* Gott sollte in unserer Familie die Partitur schreiben, auch wenn sie mal fröhlich und mal traurig war.

39 Jahre teilten wir Freud und Leid miteinander.

Gott schenkte es sogar, dass wir drei Enkelkinder in unserem Kreis willkommen heißen durften. So erhielt er das Leben meines Mannes bis zu seinem 81. Jahr. Nach allem, was ich an schwerer Not erfahren hatte, kam mir seine lange Lebenszeit wie ein großes Wunder vor. Meine Tochter und mein Schwiegersohn standen mir in seiner schweren Pflege bei, als er vom Darmkrebs gezeichnet war. Gewiss, ich wurde nach dem Tod meines lieben Mannes von Zweifeln gequält: Habe ich ihn auch immer gut versorgt und ihm die Liebe und Zuwendung gegeben, die er gebraucht hat? Mein Herz kam erst zur Ruhe, als ich meinen Nachtschrank aufräumte und darin einen gefalteten Bogen fand, auf dem das Leben der Mutter Theresa aufgezeichnet war. Ich war zu Tränen gerührt, als ich las: „Du bist meine Mutter Theresa, meine liebe Ida." Ein schöneres Dankeschön hätte mir mein Mann nicht sagen können. Alle Ängste und quälenden Vorwürfe kamen zur Ruhe, und Dank erfüllte mein Herz. Der Herr hat alles wohlgemacht.

Autorenadresse:
Lotte Bormuth
Sperberweg 8a
35043 Marburg
Telefon 06421/41347

Eine weitere Biografie

Lotte Bormuth
Nicht schimpfen, nur freuen!
ISBN 978-3-86827-406-6
112 Seiten, gebunden

– Eine Studentin, die am Boden zerstört ist und zugesprochen bekommt: »Du bist wertvoll«,
– Überraschungsbesucher, die von der Herzlichkeit gelebten Glaubens überwältigt werden,
– ein kleiner Junge, der von zu Hause wegläuft, aber anstatt dass mit ihm geschimpft wird, geht ein Traum in Erfüllung ...
Wie die ersten Frühlingstage beschwingen die lebensfrohen Geschichten von Lotte Bormuth die Seele, lassen aufatmen und die Welt mit neuen Augen sehen. Mit Augen, deren Blick geschärft ist für die vielen Zeichen der Liebe Gottes in unserem Alltag.